EU, AOS PEDAÇOS

EU,
AOS PEDAÇOS

MEMÓRIAS

Carlos Heitor Cony

Preparação de textos FÁTIMA COUTO
Revisão de textos JOSÉ MUNIZ JR.
Capa e projeto gráfico MARIANA NEWLANDS
Diagramação LAURA KLEMZ GUERRERO
Fotos do miolo ARQUIVO PESSOAL E MANCHETE
Foto da capa LUIZ GARRIDO

DADOS INTERNACIONAIS DE CATALOGAÇÃO NA PUBLICAÇÃO (CIP-BRASIL)
Ficha catalográfica elaborada por Oficina Miríade, RJ, Brasil

C768 Cony, Carlos Heitor, 1926-
Eu, aos pedaços: memórias / Carlos Heitor Cony.
– São Paulo : Leya, 2010.
256 p. : il.

ISBN 978-85-62936-21-0.

1. Cony, Carlos Heitor, 1926- . 2. Escritores brasileiros – biografia. 3. Memórias autobiográficas. I. Título.

CDD 928.69

2010

TEXTO EDITORES LTDA.
[Uma editora do grupo Leya]
Av. Angélica, 2163 – Conjunto 175
01227-200 – Santa Cecília – São Paulo – SP – Brasil
www.leya.com

SEM ARMAS E MUITO MENOS SEM BARÕES, ASSINALADOS OU NÃO, ENFRENTO AFINAL A EPOPEIA ÀS AVESSAS DE UMA VIDA QUE NÃO PEDI, MAS CUJA DESIMPORTANTE HISTÓRIA ME PEDIRAM PARA CONTAR. *Evidente que o texto deveria começar com a obviedade do meu nascimento, como quase todos os livros de memórias que foram escritos ao longo do tempo: "Nasci na rua tal, em tal cidade, em tantos de tantos, filho de fulano e sicrana...".*

Algumas delegacias especializadas e repartições militares do meu país devem ter alguma coisa parecida com essa informação inicial a meu respeito, daí a desnecessidade de repeti-la.

A primeira pessoa que me sugeriu escrever uma autobiografia foi o meu primeiro editor, Ênio Silveira, da Civilização Brasileira, que durante uns vinte anos publicou meus livros. Com o fim daquela fase, que foi uma das mais ativas no mercado editorial brasileiro, fiquei vinte e três anos sem escrever ficção, e não chorei pelo leite derramado. Verdade que mais tarde reincidi, ao meu jeito e circunstância, mas jamais me passou pela cabeça cometer a biografia de mim mesmo. Por diversos motivos, inclusive a redundância.

Com os livros que publiquei desde 1958, as numerosas crônicas que cantando espalhei por toda parte, em jornais e revistas, com as diversas e contraditórias entrevistas que os mal-informados me pediam e tinham a coragem de publicar, acho até que exagerei no mau gosto de falar de mim mesmo.

Sempre gostei daquela lenda, acho que espanhola, do rei que foi visitar as obras da catedral que estava construindo. Perguntava aos operários o que faziam, um dizia que levava pedras para botar ali, outro que misturava massa para erguer uma coluna, outro que cavava o chão para fazer um alicerce. Havia um rapaz de treze anos que empurrava com esforço um bloco de mármore. À pergunta do rei, respondeu com firmeza: "Senhor, estou fazendo uma catedral!".

Nunca fiz nem farei nada de importante e imponente como catedrais, mas sei que elas são feitas aos pedaços. Jack, o Estripador, também trabalhava aos pedaços. Num e noutro caso, havia um conjunto que daria sentido a todas as peças, a monumentalidade da catedral e a impunidade do crime.

Não estou insinuando a construção imponente de uma vida que não tive, tampouco disfarçando um crime que não cheguei a cometer, certamente por falta de oportunidade e perícia.

Numa das entressafras de minha vida conjugal, namorei uma jovem que era vidrada em leitura de cartas. Levou-me a uma cigana, acho que falsificada, era apenas uma húngara de terríveis olhos verdes. Deu-me o baralho, que misturasse as cartas à vontade, depois arrumou-as na mesa coberta por um sinistro pano preto que parecia ter sido a capa de uma bruxa aposentada.

Não lembro as cartas que saíram, mas lembro o significado delas. Resumindo: meu caso era perdido, eu não teria futuro. Não dei muita importância à informação, mas a moça quis checá-la com outra famosa cartomante, uma baiana que atendia nas imediações da Gamboa. Embaralhei as cartas vigorosamente, para ver se delas sairia alguma coisa que prestasse.

Não deu outra. Ela confirmou a húngara de olhos verdes: eu não tinha futuro.

Esse futuro que não tive é hoje o meu passado, feito de cartas que não mentem jamais e de pedaços que também mentem, mas nem sempre a meu favor.

NOTA: A maioria das crônicas desta coletânea já foi de alguma forma publicada em livro, jornais ou revistas. A seleção foi feita sem ordem cronológica dos fatos narrados ou comentados, nem mesmo obedecendo a data de publicação.

Não se trata da costumeira edição de "100 crônicas escolhidas" e muito menos das "melhores crônicas" que nunca escrevi. O critério adotado foi o nem sempre disfarçado tom de confissão ou memória – a caverna da alma, segundo Santo Agostinho, autor de confissões bem mais importantes.

SUMÁRIO

POLÍTICA

ROTEIRO

Sou contra o desenvolvimento autossustentável e contra a insustentável leveza do ser. Sou contra o esgotamento dos prazos legais e contra as objurgatórias indeclináveis. Sou contra o fomento da agricultura e contra o colóquio de física nuclear. Contra o abastardamento de nossas tradições, contra o dever inelutável de consciência e contra os soluços da espiral inflacionária.

Sou contra a transparência das decisões ministeriais e contra os legítimos reclamos do operariado. Sou contra os artefatos de fabricação caseira e contra as armas de uso exclusivo das Forças Armadas. Sou contra a mais completa apuração das responsabilidades e contra a dilatação do perfil da dívida externa. Contra a camada de ozônio, contra a injusta concentração de renda e contra as colocações politicamente corretas.

Sou contra o quadro de nossas importações e contra o arbítrio das decisões apressadas. Sou contra o apaziguamento dos espíritos e contra as inalienáveis prerrogativas da pessoa humana. Contra os lídimos representantes das classes produtoras, contra os autênticos interesses de nossa soberania e contra os sagrados postulados da civilização cristã.

Sou contra a exata compreensão dos meus direitos de cidadão e contra o impostergável dever de solidariedade. Sou contra as injunções de ordem econômico-social e contra a voz da consciência, contra o tato político, contra o gosto da glória, contra o cheiro de santidade e contra os pagamentos à vista.

Contra o arbítrio das decisões apressadas.

Sou contra o ovo de Colombo, a bacia de Pilatos, o tendão de Aquiles, a espada de Dâmocles, os gansos do Capitólio, as asas de Ícaro, o estalo de Vieira, a caixa de Pandora (nos tempos de Machado de Assis não se dizia "caixa", mas "boceta de Pandora") e contra a trompa de Eustáquio.

Sou contra o bico de Bunsen, o tonel de Diógenes, o teorema de Pitágoras, o disco de Newton, o gol do Gighia, o banho de Arquimedes, a casta Susana, as rosas de Malherbe e o corvo de Poe.

Sou contra a Retirada da Laguna e os canhões de Navarone, contra as ilhas Sandwich, contra o estreito de Bósforo, o farol de Alexandria e o Colosso de Rodes. Contra o Templo de Diana e contra o desfiladeiro de Termópilas, contra o herói de Maratona e, acima de tudo, contra o quartel de Abrantes.

Sou contra a nuvem de Juno e a maldição de Montezuma, contra a vitória de Pirro, contra a casa da mãe Joana, contra a Maria vai com as outras, as vilas de Diogo, a invasão da Normandia, contra o túnel do tempo e contra a dança das horas.

Sou contra a Lei de Murphy e contra a matrona de Éfeso, contra as Guerras do Peloponeso, contra a Paz de Campofórmio, contra a Batalha de Itararé, contra a Dieta de Worms e contra o Édito de Nantes, contra o Tratado de Tordesilhas, sobretudo contra a vingança do Zorro, o voto de Minerva e a besta do Apocalipse.

Sou contra a ampla pesquisa ao eleitorado e contra a arregimentação de consciências. Sou contra o imediato socorro às regiões desamparadas e contra o mais fino ornamento de nossa sociedade. Sou contra o transplante de ideias alienígenas e contra os óbices que entravam o nosso desenvolvimento. Contra o lúcido ensaísta e contra o rigoroso crítico teatral. Contra o inspirado poeta e contra o agudo filósofo. Contra o hábil cronista e contra o paciente pesquisador. Sobretudo, contra o vibrante jornalista.

Sou contra os valores agregados, o veredicto das urnas, a paz da família brasileira, os dois pontos para mais ou para menos nas pesquisas eleitorais, sou contra todos aqueles que dispensam apresentações, contra os vasos comunicantes e, principalmente, contra as mulheres que fazem os poetas sofrerem, os governantes roubarem, os comerciantes falirem, os filósofos meditarem e os pecadores pecarem.

INFÂNCIA

O Carnaval e o menino

"No grande teatro da vida/ vão levar mais uma vez/ a revista colossal: / pierrô, arlequim, colombina/ vão a preços populares/ repetir o Carnaval." Taí a quadrinha de antiga, imemorável marchinha, esqueci o seu autor, lembro a letra, a música e o jeito de Mário Reis em antecipada bossa-nova, aí pelos anos 30, eu era menino e esperava o Carnaval (que os jornais xingavam de "tríduo momesco") com certo temor, medo dos mascarados e, ao mesmo tempo, vontade de ser um deles.

Até que fui – e não apenas durante o Carnaval. Grudei na cara várias máscaras, várias caras – e se não obtive poder e glória, ao menos sobrevivi quieto e no meu canto, fazendo um tipo de Carnaval a meu modo, interior, doído, véspera de cinzas.

Já fiz mais ou menos de tudo no Carnaval. Desde os retiros espirituais no seminário (segundo as santas regras de Santo Afonso Maria de Ligório), até o retiro forçado na cela da Polícia Especial, ali mesmo, na rua Barão de Mesquita, onde a ditadura cismava de meter os adversários do regime.

Também já fui a bailes e a outros folguedos, geralmente a trabalho, que a profissão é áspera e exige cara de pau, não raras vezes pau na cara. Tudo bem.

Para vergonha e opróbrio dos meus descendentes até a milionésima geração, saí de morcego, em criança, assustando outras crianças em Paquetá. Minha mãe havia confeccionado complicada fantasia de chinês (ou japonês, dava na mesma), cuja atração principal era o chapéu de cartolina, em feitio de chapéu de chinês mesmo.

Tomaram meu silêncio como aprovação, nem quiseram saber minha opinião. Suei frio ao me imaginar com aquele chapéu, mas aí o meu irmão virou a mesa (ele ia sair de reles marinheiro americano, não era bem uma fantasia, mas um quebra-galho carnavalesco) e urinou em cima do meu chapéu chinês.

Não havia tempo para a fabricação de um artefato elaborado como aquele. Meu pai deu-lhe alguns safanões por conta do chapéu e de outras patifarias menores que iam se contabilizando na ficha de seu comportamento.

Minha mãe foi ao armarinho, comprou pano preto, a horrível máscara preta pendurada do lado de fora da loja, máscara que cheirava a papelão e a cola – e assim passei e passeei os três dias que chamavam de folia pelas ruas desertas e cheias de sol de Paquetá, dando susto nas crianças que conhecia e evitando aquelas que não conhecia, podiam ser mais fortes do que eu, e aí o sovado seria eu, com máscara e tudo.

Quando a tarde caía, eu de morcego, botava a máscara de grandes orelhas em cima da cabeça e voltava para casa sentindo-me mau e amaldiçoado, perguntando-me sem resposta: quem foi o cretino que inventou essas coisas?

Em casa, todos queriam saber se eu havia gostado do meu Carnaval. Respondia que sim, não queria complicar a vida dos outros, bastava a minha própria complicação. Se respondesse que não, seria obrigado a dar explicações, o melhor era ir na onda para me deixarem em paz.

No rádio, tocavam as músicas do ano, cada ano tinha repertório próprio, Mário Reis, Chico Alves, Orlando Silva, Sílvio Caldas estavam em todas, o grande teatro da vida, o pierrô, o arlequim, a colombina a preços populares. Meu pai não achava os preços tão populares assim, pagava os tubos para entrar nos bailes, fantasiava-se de remador do São Cristóvão – era dos raros, raríssimos torcedores do clube da rua Figueira de Melo –, minha mãe não se fantasiava mas achava tudo bonito, e numa madrugada ela me acordou e me pegou pela mão, me levou até a ponte onde aportava a última barca trazendo os escombros, mutilados pedaços de um rancho que voltava do Rio, os fogos de bengala ainda vivos e azulados iluminando as espumas que vinham morrer na praia dos Tamoios, as lanternas de vidro colorido refletidas nas cabeleiras empoadas dos mestres-salas. Ao pisar em terra firme, o rancho renascia de seu cansaço e se arrastava uma vez mais na marcha-hino que louva e eterniza a ilha, "Paquetá é um céu profundo/ que começa neste mundo/ mas não sabe onde acabar", o ritmo lento, e aquelas luzes que ficavam mais tristes e mais vivas dentro da madrugada, longe o faroleiro do Xeréu apagava seu facho vermelho, e na manhã seguinte eu vestia o morcego, a máscara com cheiro de papelão e cola, suada já, e eu sozinho, eu-morcego, batendo as ruas cheias de sol, encontrava outros meninos-morcegos, era uma espécie de fantasia oficial dos meninos de Paquetá, e sentia frio na espinha quando esbarrava com uma caveira, de camisola branca e encardida, a cruz preta nas costas, devia ser um garoto igual a mim, mas nunca se sabe, e essa dúvida me perseguia a tarde inteira, por que botam caveiras nas ruas do Carnaval? – e eu não entendia o grande teatro da vida (tampouco o entendo agora) nem a revista colossal, mas compreendia o pierrô de alvaiade, o branco rosto banhado de luar, o luar de Paquetá, céu profundo que começa neste mundo e não sabe onde acabar. Quando tirava a máscara, ela estava molhada de suor. Um suor tão salgado e tão meu que parecia lágrima.

Herança das Cinzas

A Quarta-feira de Cinzas era um dos dias que mais esperava. O Carnaval nos pegava na fazenda de Itaipava, para onde o seminário se deslocava logo depois do Natal. Os três dias de folia, lá fora, não chegavam até nós.

Nosso padeiro, Zé Bolacha, caprichava nos pães e nas tortas, havia sempre o final de um campeonato entre as divisões, quem não tinha esfolado as canelas até então dificilmente escapava dessas finais – quando valia tudo, inclusive xingar a mãe, desde que fosse em latim.

Não era por isso que esperava o dia de Cinzas. Na véspera, eu examinava mais uma vez as matas que circundavam o açude cujas águas moviam o nosso gerador. A copa das árvores formava a mancha verde que só em alguns pontos era quebrada pelas folhas prateadas das embaúbas.

Quando padre Cipriano mudava os paramentos na sacristia, colocando as casulas roxas no altar, as matas explodiam nas flores roxas que marcavam o topo das quaresmeiras. Era um mistério e, ao mesmo tempo, um deslumbramento. A natureza mandava na liturgia ou a liturgia é que mandava na natureza?

Qualquer que fosse a razão, era cedinho que eu levantava e espiava pela janela do dormitório o milagre anual e roxo. Naquele tempo, a cor tinha a fama de triste. E eu já cultivava excelente mau gosto. Amava aquele roxo que surgia, orvalhado e forte, das entranhas da mata, assombrosa coincidência entre o calendário dos homens e a rotina do mundo.

O roxo na capela e o roxo nas matas anunciavam que as férias acabavam, e havia uma certa melancolia, um clima de fim de festa. A disciplina, que já era pouca, ficava mais relaxada, e eu podia fugir para o açude. Tentava contar as quaresmeiras: era impossível e, sobretudo, inútil. Até que um dia descobri uma quaresmeira amarela no meio das outras. De início me espantei, ignorava que houvesse variedade na espécie, imaginava que todas deviam ser forçosamente roxas.

Eu me senti roubado. Mesmo assim, fiquei solidário com aquela fronde amarelada, um amarelo jovem e vegetal, que entre outras coisas me ensinou a ser sozinho.

O gigante em coma

O garoto jogava bola de gude sozinho, ou melhor, consigo mesmo, fazendo esforço para não roubar e não ser roubado. Em casos de dúvida, dava vantagem para o outro – que era ele próprio. O portão do jardim fez aquele barulho que o menino só ouvia à noite, quando o pai chegava do trabalho.

Foi ver o que era. Era o pai, que largara o emprego e se refugiava em casa com uma dor de cabeça que definiu como "colossal". Ele nunca ficava doente, não tinha dor de dente, dor de cabeça, nunca ficava resfriado. E, de repente, largava tudo e vinha se encafuar nos seus lençóis, reclamando da claridade, pedindo silêncio, que janelas e portas fossem fechadas.

Até aí, tudo bem. Era do direito de qualquer enfermo. O garoto foi espiar o gigante em coma. O pai era contra remédios industrializados. E, como nunca ficava doente, o recurso que usou foi espantoso.

Antes de se enfiar na cama, ele passara pela cozinha, cortara uma batata em finas rodelas, colocara a batata fatiada na testa, formando a metade de uma coroa desproporcional à cabeça. Amarrara as rodelas com um pano e se deitara.

O garoto ficou olhando, deslumbrado e, ao mesmo tempo, apavorado. Nunca vira o pai assim, tombado à luz do dia. Ainda mais com aquelas rodelas de batata que, fritas, combinariam com um bom bife. Por que o pai inventava essas coisas? Quem era ele para desprezar os remédios que o dr. Pinheiro receitava para os outros, as gotas de *Allium sativum*, o óleo gomenolado para o entupimento do nariz?

Perdeu a vontade de continuar jogando bola de gude. Continuou sozinho, mas não se sentia mais sozinho. Tinha agora, diante de si, aquilo que ele poderia considerar o maior espetáculo da Terra.

Ao cair da noite, o pai jogou fora as rodelas de batata, comeu com esganação um frango inteiro e foi ouvir na vitrola Beniamino Gigli cantando árias da *Tosca*.

Grande cena dos tomates de dona Balbina

Dona Balbina – apesar de anedótico, o nome dela era esse mesmo – segurava o cesto de tomates, mostrando-o a meu pai. Era uma portuguesa magra, de olheiras, e, se não tivesse ficado em minha memória por outro motivo, teria ficado por um detalhe: foi a primeira mulher de bigode que conheci. Não era um buço, uma sombra no rosto. Era bigode mesmo, ralo, mas bigode. Na rua, os meninos se referiam a ela como "a Bigoduda".

Eu tinha medo dela. Nunca me fizera mal, pelo contrário, certa vez ela me vendeu um apito de barro, era comum os meninos terem um apito daqueles, não servia para nada mas dava *status*. Na hora de pagar-lhe, deixei o apito cair. Como era de barro, como todos nós, humanos, quebrou-se.

Com pena de mim, ela me deu outro, tirando-o da fieira pendurada na porta de sua quitanda. E ficou por isso mesmo.

Apesar dessa gentileza, tinha medo dela. Frequentava meus pesadelos infantis com seu buço agressivo, as olheiras que faziam seu rosto denunciar a caveira que havia atrás dele. Hoje, tantos anos passados, ainda frequenta meus pesadelos e, sobretudo, minha consciência.

Naquela manhã, o pai pediu que eu fosse à quitanda de dona Balbina, ele almoçava mais cedo do que o resto da família e amanhecera com vontade de comer salada de tomates – o que era uma extravagância da parte dele, que gostava de comidas fortes, carnes-secas terríveis, lombos de porco luxuriantes, mocotós incrementados, tudo o que era politicamente incorreto e fazia mal à saúde. Ele achava, com razão ou sem ela, que salada em geral – e a de tomate em particular – era coisa de veado (naquele tempo não se dizia veado, mas maricas, o que dava na mesma).

Lá fui eu à quitanda em busca dos tomates, com a moedinha amarela dos mil-réis no bolso. Naquele tempo, apesar da geladeira que entupia um canto da cozinha e que era uma pioneira na rua Cabuçu e adjacências, não se fazia estoque de verduras. Elas vinham, matinais e frescas, das hortas vizinhas, não precisavam cumprir o purgatório refrigerado da GE branca e ventruda, um dos nossos orgulhos domésticos.

No meio do caminho não havia nenhuma pedra, mas um grupo de meninos que trocavam figurinhas das balas Ruth, que todos juntávamos. Quem não andasse com um maço de duplicatas no bolso era um excluído, um pária, um elemento abominável da espécie humana. O fato é que fiquei por ali, esqueci a quitanda. Voltei para casa de mãos vazias. O pai cobrou os tomates, devolvi-lhe a moedinha, disse que os tomates haviam acabado.

O pai substituiu a salada por linguiças formidandas, com dois ovos fritos em cima. Para todos os efeitos, estava bem-alimentado para a faina do seu dia, que muitas vezes consistia em nada fazer a não ser trocar outro tipo de figurinhas com os colegas das redações do Rio – que tampouco nada faziam.

Esqueci a quitanda e dediquei-me a consertar o velocípede do irmão menor, que tinha perdido uma das rodas. Fui chamado às pressas à quitanda de dona Balbina. Minha presença era requisitada pelo pai, como testemunha de acusação.

Deu-se que ao ir pegar o ônibus ele passara pela quitanda e vira, bem à porta, o cesto de tomates de dona Balbina. Armou um escândalo, dona Balbina soluçava, proclamava que naquela manhã ninguém fora comprar tomates.

Vivi os piores momentos de minha vida (viveria outros igualmente piores, mas esse foi o inaugural, o mais devastador). Cheguei à quitanda, dona Balbina exibia o cesto cheio de tomates. O pai exigiu que eu confirmasse a negativa dela em me vender os malditos tomates. Eu confirmei. Dona Balbina deixou o cesto cair, os tomates rolaram pelo chão, ela erguia os pulsos para o céu, clamando justiça para ela e castigo para mim. O pai encerrou a contenda com uma sentença que ouço ainda, em minhas noites de pânico: "Filho meu não mente!".

Era uma forma de elogiar a si mesmo, às minhas custas. Na verdade, o pai era tão mentiroso quanto eu, herdei dele esse defeito genético, embora suas mentiras fossem inocentes, não causassem malefício. As minhas sempre foram mais graves – sendo a mais grave de todas a dos tomates de dona Balbina.

Meses após, ao fazer a primeira comunhão, foi esse o pecado mais sério que confessei. O padre me absolveu, Deus me absolveu, mas eu nunca me absolvi. Séculos se passaram, não progredi na senda do crime, jamais violei sepulturas, não estuprei freiras nem degolei criancinhas. Mas volta e meia acordo encharcado de suor, o coração na boca, como se tivesse cometido um crime monstruoso que ainda devo purgar.

Dona Balbina, com seu buço de portuguesa peluda, suas olheiras, seu cesto de tomates, frequenta minhas noites de pavor. "Filho meu não mente!" Dona Balbina foi embora deste mundo, o pai também foi embora. Sobrei eu com a sinistra herança de ser fiel à verdade – que quase sempre é a forma submersa da vergonha.

Os cavalos de Itaipava

Rouxinol, Paquetá, Chouriço, Aymoré, Lampião, Pombinho, Botafogo, Beija-Flor, Sultão, Pampa, Tamoio, Portugal, Mustafá, Cacique, Oberdan... O tempo passou, esqueci compromissos, deveres, parentes e amigos, esqueci até mesmo mulheres que não deveria esquecer, mas esses nomes ainda me frequentam, cobertos de poeira, é certo, mas basta uma espanadela e eles ressurgem com suas cores, seus cheiros e manias.

Eram os nomes dos cavalos de nossa fazenda, em Itaipava, onde passávamos as férias de julho e – delícia das delícias – as de janeiro e fevereiro de todos os anos.

A fazenda ficava a légua e meia da estrada União e Indústria, que liga Petrópolis a Juiz de Fora. E os cavalos, além de duas ou três charretes e de um imenso carro de boi, eram o único transporte que nos ligava à civilização, ao diabo, ao mundo e à carne a que nós havíamos renunciado, alguns definitivamente, outros provisoriamente, como a maioria, eu inclusive.

O carro de boi era puxado por dois deles, Marcante e Navegante, e nos dez anos que lá estive jamais consegui distinguir um do outro. O carro levava nossas bagagens e um ou outro aluno que não podia vencer a pé ou a cavalo a légua e meia que nos separava do asfalto. Nunca andei nele – um dos poucos motivos de orgulho que conservei durante esses dez anos. Ser transportado pela dupla Marcante e Navegante era selo de ignomínia que se grudava na testa para sempre; nem mesmo o Facuri, que falava latim como Cícero e fazia poemas como Horácio, era levado a sério porque se tornara freguês habitual do carro do boi.

Eu pertencia à classe média. Nunca tive direito a ser guardião de um dos cavalos, honra que era exclusiva do altíssimo clero do seminário, de alguns padres e alunos que, por isso ou aquilo, eram considerados vestais, varões de Plutarco. Tomar conta do Pombinho, por exemplo, um cavalo todo branco, sedoso, de olhos avermelhados, era privilégio mais disputado do que a ida a Roma para fazer filosofia na Gregoriana.

Em compensação, tomar conta do Lampião, um cavalo preto e selvagem, era uma temeridade tão grande que ele ficou sem dono durante muito tempo, até que o padre Castro Pinto, um gaúcho de poucas palavras mas de grande energia, tentou amansá-lo e foram os dois, padre e cavalo, parar no açude que movimentava o dínamo que nos iluminava à noite. Foi uma epopeia salvar os dois. Lampião ficou atolado numa poça de lama, o padre Castro Pinto salvou-o, mas engoliu tanta lama que teve de descer a Petrópolis para fazer uma lavagem no estômago.

Eu precisaria ter o gênio, a paciência e a isenção de Tucídides para narrar aquela façanha, que em nossos anais ficou equivalendo à Guerra do Peloponeso, uma hégira, um nascimento de Cristo, duas eras históricas, antes e depois do Lampião. A morte do cardeal Leme, em 1942, foi um fato notável a.L., antes de Lampião. E a nomeação de dom Motinha para bispo de Campanha foi um dos eventos d.L., depois de Lampião. Eu mesmo, que operei as amígdalas naquele período, até hoje não me lembro se isso foi um passo importante de minha biografia antes ou depois de Lampião.

Mas voltemos aos cavalos, todos os reinos do mundo por um deles. Meu primo Aylton tinha o privilégio de tomar conta do Cacique, que pertencia ao alto clero cavalar, só superado pelo citado Pombinho e por Rouxinol, cujo dono era o padre Cipriano, que fazia uma política nefasta na hora de escolher quem iria passear no bonito alazão, um pouco gordo, mas valente e manso ao mesmo tempo, e que era disputadíssimo, principalmente quando

Alceu Amoroso Lima, que havia entrado para a Academia naquele tempo, passou uns dias conosco, dando um curso sobre Maritain, e teve o privilégio de usar Rouxinol com exclusividade.

Um filho de Rouxinol, nascido logo depois, não tomou o nome do grande pensador católico, mas ficou com o seu pseudônimo famoso: Tristão de Athayde. Dei algumas voltas nele, mas era muito alto e eu não o dominava inteiramente.

Meu preferido era Aymoré, com "y" mesmo, que era baixinho, tinha uma cor indefinível, era dócil por temperamento e faixa etária. Dei-me bem com ele, não o escolhi, ele é que me escolheu. Na hierarquia dos párias, somente Chouriço ficava abaixo dele, ninguém brigava por sair no Aymoré. Um dia, eu me resignei, levei-o até o vale da Boa Esperança, não o forcei muito e ganhei sua gratidão.

Lembro-me bem dele. Era feio, tinha um cheiro esquisito, dois olhos tristes que me olhavam com ternura – a ternura que eu lhe devolvia, pois ele me guiava, adivinhava as minhas possibilidades, escolhia as melhores trilhas, não era como Paquetá, que jogou o Zé Grande numa vala e ainda caiu por cima dele. Zé Grande teve de operar a bacia, teve de fazer um enxerto, meses depois Paquetá apareceu de barriga estufada para cima, alguém o envenenara, Zé Grande quase foi expulso, mas provou sua inocência – da qual nem todos ficaram convencidos.

Botafogo, um tordilho elegante, também era do padre Cipriano. Quebrou uma pata e teve de ser sacrificado. Padre Cipriano chorou pelos cantos e sete dias depois celebrou clandestinamente uma missa de sétimo dia pela alma de seu amigo. Eu o ajudei nessa missa sacrílega.

Confissões

Usava barbicha grisalha, quase branca, o que lhe valera o apelido de monsenhor Bodaico, embora não se parecesse com um bode, mas um pouco com Sigmund Freud e outros embarbichados.

Nunca soube seu nome completo. Era o monsenhor Belezza, com dois zês. Tinha um passado glorioso, mas indefinido, na África, onde fora missionário. Já perto dos cinquenta anos, decidiu abandonar o clero secular e entrar para a Ordem dos Servos de Maria, com direito a acrescentar ao seu nome as iniciais OSM. E a conservar o título de monsenhor, raro num membro do clero regular, que geralmente é frade para toda a vida.

Falava baixinho. Foi a ele que, mal entrado nos sete anos, confessei meus pecados quando fiz a primeira comunhão. Havia duas opções para os meninos que se candidatavam àquilo que chamavam de "banquete celestial". Ambos eram servitas, mas o outro chamava-se frei Ugo Phoda, assim mesmo, era italiano e temperamental. Mais tarde conheci-o bem, foi professor de meu irmão num colégio da Tijuca.

Preferi monsenhor Belezza porque sua barbicha me infundia um baita respeito e, sobretudo, porque falava baixinho. Lembro o frade alemão que, em turma anterior, ao ouvir a confissão de um colega, perguntou em voz alta, com forte sotaque tedesco: – E o menina ainda tem muitos desses figurrrinhas?

Não queria passar por vexame igual, preferi confessar meus pecados a Deus e ao monsenhor Belezza. Ele ouviu-me com atenção, botou um lenço no rosto, não sei se para impedir uma posterior identificação do penitente ou para cochilar. De qualquer forma, em nome do Todo-Poderoso, perdoou meus pecados.

E aí está o problema que me ficou para o resto da vida: que pecados seriam esses de um menino de sete anos? Muitos, sem dúvida. E hediondos. Sempre achei que é na infância que cometemos os piores pecados.

O batizado da bruxinha

A cozinheira perdeu o marido e tinha uma filha de oito anos para criar. Pediu que aceitássemos a menina como dependente. No primeiro domingo em nossa casa, a tarde era chuvosa e triste como num conto de Dickens. Ela começou a chorar a orfandade recente. Não sabíamos o que fazer para consolar a garota.

O pai dormira após o almoço e, ao acordar, fez o que mais gostava de fazer: tomou providências. A menina tinha como único brinquedo uma bruxinha de pano, desengonçada e triste como ela. O pai perguntou se a bruxinha já tinha sido batizada. Não. Era pagã, como todas as bruxas.

Botou então a gente para cortar papel fino colorido e fez fieiras de bandeirinhas de festa junina, com elas enfeitou as salas de visita e de jantar. Foi à despensa, apanhou uma lata de goiabada, cortou-a em tabletes e pulverizou neles uma mistura de canela e açúcar cristalizado. Fez pequeninas rodelas de papelão de diversas cores, passou-as num palito, espetando-o naquilo que chamou de "majestoso canapé de goiaba".

Espremeu dúzias de limões, acrescentou um pouco de vinho tinto de garrafão, obtendo uma sangria igualmente majestosa. Ficou uma delícia.

Pegou um vestido preto que minha mãe usara quando perdera uma irmã e adotara luto fechado, mais tarde aliviado, como era de costume na época.

Vestido de padre, com um livro encadernado de Eça na mão, fazendo o papel de missal, tendo a mãe como madrinha, meu irmão mais velho como padrinho e eu como sacristão, o pai batizou a bruxinha em nome do Pai, do Filho e do Espírito Santo.

Obrigou o meu irmão a renunciar por ela o Diabo, o Mundo e a Carne. Depois deu início à comilança, reforçada à última hora por uma caixa de bombons que ele guardara para nos dar na Páscoa que se aproximava.

De olhos arregalados, a menina parou de chorar e olhava para o pai com espanto maior do que a sua dor.

O pião e a carrapeta

Era brinquedo de pobre, mas todos, até mesmo os meninos ricos, tinham o seu pião. Parece que não existem mais, mas na minha rua o guri que não tinha o seu pião e não era mestre no ofício de rodá-lo no chão ou na palma da mão tornava-se qualquer coisa de abominável, um ser hediondo execrado pelos outros garotos.

Nunca fui bom de pião, insistia com o pai, ele comprava os melhores mas eu não os fazia girar com a perícia adequada. Tantas levei pela cara que o pai, para me consolar, falou mal dos piões, de todos os piões ("é brinquedo de moleque"), e deu-me uma carrapeta suntuosa, com frisos amarelos, azuis e vermelhos, fazia um som civilizado quando rodava.

E era fácil de manejar. Bastava dar corda e ela se empinava, rodava loucamente, imóvel em seu eixo de lata, e o zumbido que fazia, cortando o ar, parecia o fundo musical de um pedaço do paraíso.

Bem verdade que os outros guris me olhavam desconfiados, achando que carrapeta era coisa de veado, e, pensando bem, eu próprio também achava o brinquedo meio suspeito.

Até o dia em que um garoto chegou-se para o meu lado e, como se fizesse uma proposta indecente, sugeriu que trocássemos de equipamento. Ele me daria o seu pião, o mais famoso e letal daquela rua, que partia ao meio os piões adversários. E eu lhe daria a carrapeta faiscante, que girava como um planeta sonoro enquanto lhe durasse a corda.

Cheguei em casa e o pai descobriu o péssimo negócio que o filho fizera. Num primeiro momento, pensou em procurar o guri e desfazer a troca. Evidente que se aproveitara da minha ingenuidade, ou da minha cobiça em ter um pião igual ao dos outros.

O pai pensou melhor. Olhou-me fundo, avaliou o pião escalavrado e sebento que eu trazia como um troféu. E lançou a profecia que se realizaria pela vida afora: – Você nunca será alguém, meu filho!

Areias de Portugal

No meio do quintal, ao lado da casa, havia a mangueira, enorme; de um de seus ramos o pai pendurara um balanço que teve seus dias de glória até que meu irmão dele se despencou. Minha mãe iniciou campanha feroz e bem-sucedida, o balanço serviu de lenha numa fogueira de Santo Antônio.

Naqueles dias, Humberto de Campos publicara uma página de suas memórias, evocando o cajueiro de sua infância. Meu pai lera a crônica para mim. Recortei-a do jornal e quase a decorei. Pior: procurei imitar o menino que subia nos galhos mais altos e gritava: "Assobe, assobe, gajeiro, naquele topo real, para ver se tu avistas terras de Espanha, Otolina, areias de Portugal!".

Passei a subir nos galhos mais altos, onde descobri um nicho no meio das folhas verdes e perfumadas – como só as mangueiras sabem ter. E lá de cima eu também gritava aos ventos da Boca do Mato, garantindo que via terras de Espanha, quando, na verdade, via apenas os tetos cor de moringa da vizinhança, ao longe a torre mais que branca da Matriz de Nossa Senhora da Guia e, depois, a formidável massa azulada do pico da Tijuca.

Pois ontem, tantos anos depois, sonhei com a mangueira dos dias antigos do passado. No sonho, ela surgia destacada, talvez mais alta e mais espetacular. E como na paisagem do sonho era quase noite, ela parecia iluminada por dentro, um pouco fosforescente, mas sem dúvida era a minha mangueira, intacta, esperando por mim.

Olhei-a bem e não foi difícil encontrar, em seus ramos mais altos, o nicho de folhas verdes e perfumadas – como só as mangueiras sabem ter. Lá estava ele, também intacto, reconheci até mesmo o galho mais forte em que me segurava com maior confiança, deixando a outra mão livre para proteger os olhos do sol e dos ventos do mar largo. E de onde o menino, que nada vira do mundo até então, assombrado, avistava terras de Espanha, areias de Portugal.

Os economistas da avenida Passos

A primeira vez que ouvi falar em economia foi há muitos anos, na infância de um menino classe média de um Rio de Janeiro que não existe mais. Veio na forma de um porquinho de barro que ganhei de uma sapataria da avenida Passos, a Cedofeita. Tanto a avenida como a sapataria eram *points* compulsórios da época.

Na avenida havia a Casa Mathias, que vendia uniformes escolares, havia a Nobreza, que vendia enxovais de casamento, havia o Paraíso das Crianças, que vestia os menores de doze anos, e a Casa Turuna, que vestia os maiores. Escondida num dos cantos, onde funcionava um ringue de luta livre, havia uma agência funerária.

A avenida Passos abastecia o carioca do berço ao túmulo. Era um ancestral de *shopping center* a céu aberto. Percorrendo-a de ponta a ponta, o carioca podia nascer, viver, morrer e, de quebra, distrair-se com as lutas livres que tinham fama de serem marmeladas e nas quais brilhavam um conde não se sabia de que país (Karol Novina), um príncipe armênio falsificado (Anatol Karadagian) e um niteroiense que se supunha autêntico, chamado Cabo Verde.

Prédio de seis ou oito andares, não estou certo, a Cedofeita era uma catedral suntuosa que só vendia sapatos. Tinha elevadores, cada andar apresentava decoração especial, uma viagem pelos seis (ou oito) andares da sapataria equivalia a uma Disneylândia de hoje. Havia a Caverna de Ali Babá, a Ilha do Tesouro, com aquele pirata da perna de pau e um papagaio no ombro, havia as maravilhas do país de Alice e a casa toda feita de doces de Joãozinho e Mariazinha.

Foi na Cedofeita que ganhei o cofrinho. Era promoção do mês ou brinde de Natal, o fato é que o caixeiro, quando entregou o embrulho à minha mãe, levou-me até o gerente. Senti-me importante, foi a primeira (e acho que única) autoridade que admirei sinceramente. Ele me cumprimentou e me deu o porquinho, dizendo a frase que eu pensei que fosse dele – e ainda penso: "A economia é a base da prosperidade". Eu não sabia (como até hoje não sei) o que é economia. Prosperidade devia ter alguma coisa a ver com a festa depois do Natal, quando todos se desejavam um próspero Ano-Novo.

À noite, quando chegou em casa, meu pai elogiou o sapato e o cofrinho. Ao contrário de minha mãe, que era de poucas mas suficientes palavras, o pai era de muitas e nunca bastantes. Ampliou consideravelmente aquele conceito inicial do gerente da Cedofeita. A economia não era apenas a base da prosperidade, mas uma disciplina de vida, uma forma de caminhar pelo mundo. Se eu guardasse um tostão todos os dias, quando tivesse a idade dele seria milionário.

Eu ia perguntar por que ele, com a idade que tinha, não era milionário, mas nem foi preciso: no tempo dele não havia a Cedofeita, ele não ganhou um cofrinho, daí que não tinha onde guardar um tostão todos os dias.

Confesso que depois das duas lições, a do gerente e a do pai, achei que economia e cofrinho em forma de porquinho eram a mesmíssima coisa. Não fiz avanços dignos de menção. Quando alguém se apresenta como economista eu penso logo que ele deve ter em algum canto um cofrinho, na certa bem maior do que o meu.

De maneira que fico atordoado quando ouço falar em economistas, em Adam Smith, em Marx, em Keynes, na Escola de Chicago, em gente com mestrados em Harvard ou no diabo. Sou que nem um tio meu, Joaquim Pinto Montenegro, que nunca tinha ido a um campo de futebol.

Era ferroviário, trabalhava na divisão dos dormentes, eu o achava imponente. Para mim, ele era dono não apenas dos dormentes, mas dos trilhos, dos trens, dos maquinistas, dos foguistas, dos túneis, da Estrada de Ferro Central do Brasil inteira.

Se era tamanha autoridade em dormentes e trens, era ignorante em futebol. Levei-o ao campo do América, que era o mais perto lá de casa. Ele me pagou a entrada e um sorvete. Em troca, procurei explicar-lhe o que podia e sabia. Era um Vasco e América. No esquadrão vascaíno, aquilo que chamavam de "trio final" ficaria na história: Rei, Domingos e Itália. No América, o goleiro era Aimoré, irmão de Zezé Moreira, que jogava no Botafogo – os dois ainda seriam técnicos da seleção.

Expliquei o que pude a Joaquim Pinto Montenegro, mas desanimei. Percebi que ele não apenas ignorava tudo, mas estava se lixando para o futebol. Mesmo assim, houve um momento em que Joaquim Pinto Montenegro comentou:

– Mas se são dois times, por que não dão uma bola para cada time?

Na hora, achei que aquilo era uma besteira descomunal. Por respeito a Joaquim Pinto Montenegro, guardei-a comigo. Contudo, desde que o governo começou a editar planos e pacotes, a economia deixou de ser um cofrinho da Cedofeita, tornou-se uma função, um carisma. Só não tem a sabedoria de Joaquim Pinto Montenegro. Dando uma bola para cada time, o jogo ficaria, além de mais lógico, mais interessante.

As mãos do homem

Durante vinte anos esperara aquele momento: o fim do regime que o levara seis vezes para a cadeia. Programara com amigos um pifão solidário com a festa que o povo preparava nas ruas. Mas agora, justo no instante em que nasce o grande dia, ele está diante do homem que acaba de morrer.

Durante as últimas semanas, acompanhara a luta dele contra a morte, uma luta cruel, desigual: o homem teimava em viver, julgava que tinha o direito de viver sempre, por isso nunca pensara em enriquecer, em querer nada que não fosse pura e belamente *viver*.

Fazia tudo o que tinha vontade e no dia em que completou 90 anos foi comer o angu do Gomes na praça Quinze, depois entrou numa agência de viagens, a assuntar uma comprida viagem pelo Amazonas.

Essa fome de viver acabara no último Natal: quis descer para a sala, fazer a ceia com muito vinho e muitas castanhas, mas a fraqueza o impediu – e ele ficara lá em cima, na poltrona do seu quarto, olhando as paredes – sobram sempre as paredes para aqueles que vão morrer.

Depois, a etapa derradeira: o corpo pifara, somente o cérebro comandava seus braços, que se agitavam querendo abraçar as pessoas que o cercavam.

Sim, agora tudo acabara. Ele contempla as mãos do homem. Estão quietas, finalmente, depois da agitação dos últimos dias, depois de sua missão pela vida inteira. Mãos que não se gastaram em 55 anos de jornalismo antigo.

Quando apareceram as máquinas de escrever, o homem tentara se adaptar, mas suas mãos estavam prisioneiras do lápis (só sabia *pensar* a lápis) e das velhas tiras de papel, feitas com sobras das bobinas que alimentavam a velha rotativa do jornal.

Mãos espertas em muitos ofícios do viver, faziam brinquedos para a infância dos filhos, e, pelo Natal, aqueles fantásticos presépios, a gruta iluminada, a estrela que conduzia os reis magos coberta de purpurina prateada.

Mãos que ajudaram o filho: um defeito na fala impedira o menino de cursar as escolas, o jeito foi ensinar o garoto a escrever e a ler, aquela mão que agora está parada segurava a mão do guri e ia desenhando as letras, até hoje o filho tem a mesma letra do pai.

Sobretudo, mãos que fabricavam os balões que encheram a infância do menino, balões enormes, coloridos, encantados – quando o prefeito Pedro Ernesto, seu compadre, saiu da prisão do Estado Novo, o homem fizera um balão bordado, maior do que o pé de cajá-manga que havia no quintal, e cada folha de papel fino era trabalhada, lavrada como renda.

À noite, o balão iluminado se transformara em gigantesca lanterna mágica que subiu ao céu, levando a mensagem de sua liberdade.

Sim, ali estão aquelas mãos quietas, para nunca mais. A grossa aliança de ouro, duplicada pela aliança da primeira mulher – apesar da idade, ele não suportara a viuvez por muito tempo, oito meses depois estava casado de novo.

Mãos que, depois de morto, nem pareciam cansadas: apenas repousavam sobre o peito, finda a maravilhosa função do seu viver.

Mãos que começaram a ficar mais brancas e mais quietas: dentro delas, o nada cheio de tudo o que ele fora. Mãos que, antes que se apagassem definitivamente, foram beijadas pelo filho – mãos de meu pai.

A grande mudança na vida de Manuel Firme

Neto de uma escrava chamada Quitéria, que fumava um cachimbinho de barro, Manuel Firme era cinco anos mais velho do que eu. Foi uma espécie de irmão de criação que comigo dividiu a infância e alguns lances que a memória recria todos os dias.

Falei nele, de passagem, num romance recente, contei que ele soltou um balão que o pai fizera para mim. Quando fui para o seminário, pedi que Manuel o guardasse, nós o soltaríamos no final do ano. Ele não suportou a espera, soltou-o sozinho, sem a ajuda do pai. Resultado: o balão lambeu em cima dos nossos galinheiros, assustou as galinhas, irritou nosso cachorro e morreu aos pedaços, num túmulo de fogo.

Não foi essa a lembrança maior que dele guardei. Quando veio morar conosco, o pai construiu no quintal uma espécie de barraco, com tábuas envernizadas e bem ajustadas, com boa vontade parecia uma casinha de duende na floresta. Mas era um barraco – na opinião de minha mãe.

O pai, que tinha imaginação mais feroz, dizia que era um *cottage*. Na complicada história universal, Manuel Firme era o único neto de uma escrava que morava num *cottage*.

Por aqueles dias, o pai preparava a festa de Santo Antônio. Ao contrário dos balões que ia fazendo e espalhando pela casa, para que adquirissem aquilo que o pai chamava de *persona*, os fogos que ele comprava ficavam guardados num quarto que era um sacrário, só o pai entrava nele.

Um dia, ele esqueceu a chave na porta, Manuel Firme firmemente me convenceu a entrar lá dentro e tirar alguns fogos. Foi um deslumbramento. Bem à mostra, havia uma infinidade de "vulcões", um artefato cônico do qual saía uma chuva de prata e ouro. Roubei uns cinco e ia guardá-los para soltá-los à noite. Manuel argumentou que o pai podia chegar mais cedo, o jeito era soltarmos de dia. Mas à luz do sol os chuveiros de ouro e prata perderiam seu encanto.

Então fui eu que o convenci, também firmemente, a soltá-los no *cottage*. Ele topou. Fechada a porta, vedada a janela com um cobertor, até que os vulcões nos deslumbraram, promovendo uma cascata de luz na pobreza de um barraco onde morava o neto de escrava que fumava cachimbo de barro.

Queimados os vulcões, abrimos o barraco para que a fumaça saísse. Fui fazer meus deveres escolares. Manuel estava cavando um poço no quintal de um vizinho, biscate que lhe rendia alguns trocados. E como ganhava por dia, o poço já tinha seis, sete metros de profundidade, e nada de aparecer água. Mesmo sem entender de poços, o pai o orientava a cavar mais. E desde que Manuel Firme não chegasse ao Japão pelo centro da Terra, em algum momento deveria aparecer água.

Estava a tarde calma e quieta quando o nosso cachorro começou a latir. E a empregada entrou pela casa aos gritos:

– Fogo! Fogo! Fogo!

O barraco de Manuel Firme ardia, era uma chama só, vermelha como as pequeninas fagulhas que os vulcões haviam espalhado lá dentro.

Com o coração na boca, fui chamar Manuel Firme, que firmemente veio correndo. Um vizinho telefonou para os bombeiros. Os jornais daquele tempo diziam que os bombeiros eram "os valorosos soldados do fogo". Antes que eles chegassem, minha mãe, que era prática e detestava qualquer tipo de retórica, apanhou a mangueira de regar o jardim e conseguiu acabar com o incêndio. Quando o pai e os valorosos chegaram, o fogo já estava "apagado", na opinião dos bombeiros. E "debelado", na opinião do pai.

Manuel Firme ficou uns tempos dormindo no meu quarto, até que o pai providenciasse um novo barraco para ele. Para evitar outro incêndio (que o pai chamava de "sinistro"), os escombros incinerados do *cottage* foram removidos.

Foi assim que Manuel Firme ganhou uma casa de alvenaria, tijolos pintados de branco, porta e janela pintadas de verde-garrafa – naquele tempo era a cor preferida do pai, dizia que era a dominante na natureza. Ele foi, entre outras coisas, o primeiro cara que encontrei pela vida afora a promover o verde por conta própria, verde que mais tarde virou bandeira e discurso da ecologia.

Minha mãe aprovou, Manuel Firme aprovou, eu aprovei a casa que o pai erguera. Se não mais parecia a cabaninha de um duende na floresta, tinha o ar ingênuo de uma capelinha à beira de um caminho. O diabo foi chegar a um nome para a nova obra do pai. Minha mãe continuava a chamar aquilo de barraco. Manuel Firme, um pouco agastado, chamava de quarto. Era pouco e era fútil para o pai. Eu próprio sabia que ele iria optar por uma terceira via. E não deu outra. A partir do terceiro dia de sua criação, ele chamou aquilo de "anexo".

E Manuel Firme, neto da escrava Quitéria que fumava cachimbo de barro, embora tenha melhorado de moradia, foi rebaixado. Deixou de morar num *cottage* e, anexo ele próprio à nossa família, passou a morar num anexo.

FAMÍLIA

Das vascas do meu avô

Não sei quando nem onde, mas prometi contar um dia a morte do meu avô, episódio que não fará parte de minhas memórias, mas que encerra uma sutil lição de vida e de morte. Pois meu avô morreu numa tarde de maio, após oito dias e oito noites de crudelíssima agonia – frase que foi dita à beira do túmulo por um orador de circunstância. Além de meu avô, era avô, pai, bisavô e quase tataravô de muita gente, razão bastante para tornar sua agonia realmente cruel. Sua casa ficou cheia oito dias e oito noites.

A princípio, todo mundo rodeava o leito, mas com a dilatação da agonia o pessoal foi se espalhando pela casa. Apareceram camas Drago, um tabuleiro de xadrez, e, pela altura da quinta noite, houve batida num dos quartos e foi flagrado um ferrenho buraco a dez centavos o ponto.

A turma da primeira geração, já cansada da vida e da morte, logo foi largando o moribundo. A segunda geração, na fase madura e responsável, cercava o leito, em rodízio. E todos se fiscalizavam para saber quem seria o ingrato que abandonaria o patriarca em hora extrema. A terceira geração tomava conta da casa, e rosnou-se que no sábado haveria um vatapá – para aproveitar os diversos escalões da família reunidos.

Mas o sacrário da festa era o quarto do avô. Botaram a cama ao centro e desmontaram os outros móveis, a fim de caber mais gente. Só ficou uma velha cômoda, e mãos pias da família ali improvisaram um altar. Dos guardados de uma tia que estudou na Europa saiu uma litogravura colorida, uma pomba simbolizando o Espírito Santo, Jesus Cristo, Nossa Senhora das Dores e outros santos eficientes para o desenlace. Em volta da pomba, havia palavras francesas em caracteres góticos: *Dieu – Coeur – Votre Serve* e outras.

Cada setor da família trouxe um padre especial para os últimos momentos. A mesma política arrastara-se por quase dez anos, mas em relação aos médicos. Até que os médicos da família resolveram tomar o doente sob custódia – e aí foi que o caso engrossou e o velho entrou em vascas.

Padre, a família não tinha nenhum, o único que se atrevera era eu, mas ali estava, rodeado de filhas, pecador e incréu, não servia para nada e por isso me olhavam e talvez me odiassem. Uma contraparente do marido de uma das sobrinhas de não sei quem impôs uma médium – houve quase bofetão por causa disso, mas a médium veio, deu passes, depois chamaram um bispo e defumaram o velho e a casa, e houve comunhão geral de quase toda a família para purgar o delito.

Enquanto isso, o avô cumpria seu ofício de morrer e morria aos poucos, numa lentidão que começava a enervar e a dar prejuízos gerais. Até que, de repente, houve um rebuliço no quarto fatal. Juntaram-se todos. O velho, após oito dias de boca aberta e olhos fechados, fechara a boca e abrira os olhos. As duas facções mais idôneas da família empurraram seus respectivos corifeus para a borda do leito. Eram gêmeos, e, pela lei tribal, ninguém sabia qual dos dois substituiria o patriarca nos conselhos familiares. Um nome dito naquela hora teria o poder de consagrar e preservar a dinastia. Havia, porém, o temor de que o velho pronunciasse um nome de mulher – Guiomar, seu pecado de mocidade. Isso poderia gerar confusão e pranto.

O jeito foi impedir a mensagem do velho. Colocaram um Cristo escalavrado na cruz de peroba que recebera o último suspiro dos varões ilustres da família e aproximaram a imagem dos lábios do moribundo. Isso impediria a cisão doméstica ou a reabertura de um velho caso. Mas o velho reuniu as derradeiras forças e gemeu:

– Me deem carne-seca!

E morreu.

Escombros de junho

Essas músicas juninas doem aqui dentro, fundo e irreparavelmente. Já expurguei minha modesta discoteca dos discos antigos, mas evitar quem há de? A gente passa pelas ruas e há sempre a vitrola berrando as canções de outros tempos e outras saudades.

Cai, cai, balão,
não deixa o vento te levar...

A música é triste, feita pelo homem triste que acabou se matando, o Assis Valente, autor daquela canção de Natal que também é a coisa mais triste dos natais. Mas deixemos o Natal, que longe está, e enfrentemos com mão crispada este junho sem balões e sem fogueiras, este junho de apartamento e compromissos.

A ventania
de tua queda vai zombar

cai, cai, balão,
não deixa o vento te levar...

Não há ventania por ora, e tudo parece sólido. Mas a canção despejada no fim da tarde me surpreende na rua cheia de gente apressada em busca de condução para casa. As luzes já estão acesas, e ninguém estanca para ouvir a canção. Só eu tenho tempo e motivo de parar e olhar o chão, em busca de raízes insepultas e dolorosas.

As canções de Carnaval não doem tanto. Não sou lá de Carnaval, suas músicas passam e pouco me marcam. Mas, em junho, a infância retorna inteira, trazida nas mesmas canções e gostos. E não só a infância. Agora, já começa a nascer a nostalgia de outras infâncias: as garotas crescem e, em vez de gastarem o São João ao meu lado, preferem as festas onde acabam dançando *twist*.

E este ódio vem subitamente à tona com a música que a casa comercial despeja cruelmente sobre nossas cabeças. Não há de ser nada, não há de ser nada, a música acabou e começa outra, esta mais alegre, embora inclemente em seu significado:

Com a filha de João
Antônio ia casar...

Vejo a garotinha diante da mesa cheia de doces, alisando a toalha e batendo com os pés na cadência da música. Chego em silêncio e em silêncio surpreendo os olhos daquela meninazinha que é minha filha. Estão cheios de balões e luzes, de fogos e carinhos. Fecho as mãos sobre sua cabeça e peço, a não sei quem, que guarde aquilo para mim, aquele mundo de magia e amor que cabe numa cabecinha tão pequenina e doce.

Pelas paredes, os meus balões pendem como escombros coloridos. Gastara um mês fazendo balões, enormes, as crianças ajudavam como podiam, e não podiam muito, mas assim mesmo gostavam. E agora, quando a grande noite vai começar, eu agarro com desespero aquela frágil cabeça pedindo eternidade para meus balões e para minhas ambições, que não passam dos estreitos limites de duas garotas que vêm pedir para acender as lanternas:

– Tá na hora, papai!

Eu valorizo a festa e a espera:

– Falta um pouco ainda. O céu ainda está azulado.

Depois, a noite caiu, negra, para sempre. Proibiram balões e, de minha janela do Posto 6, não posso soltar nem estrelinhas. As meninas dançam *twist*, e não tenho o que fazer a não ser roer a solidão e a rapadura que o parente da roça me mandou por equívoco, pensando que eu gostasse. Sim, tudo mudou, menos as canções, que são as mesmas.

Fecho os olhos então e vejo passar sem ruído, na noite que cobre as minhas vergonhas, os balões de meu pai, mais tarde os meus próprios balões, iluminados, em silêncio. Balões que nunca me libertaram de seu legado de tristeza, mansidão e fragilidade. E, triste e manso, fecho as janelas para proteger a inútil fragilidade do homem acorrentado em seus fantasmas de papel fino.

A figura augusta do meu tio Augusto

Até hoje não sei se era a voz dele ou ele próprio, inteiro e indestrutível, que me dava medo. Eu pensava que era respeito, todos o respeitavam, mas no fundo, no fundo, eu sabia que era medo. Medo de quê? Ele era inofensivo, agora que estava velho e perdera as cóleras que o tornaram notável e temível em toda a Paquetá e adjacências.

Vivia de pijama, dia e noite, sempre limpinho e austero, falava pouco, ouvia pouco e entendia pouquíssimo, mesmo assim era o Júpiter Troante da família, dele vinham as bênçãos de seu coração e os raios de sua justiça.

Não tivera filhos, mas um de seus irmãos se encarregou de fazê-los, irmão que morreu cedo. Trocando o pneu de um velho Ford Bigode, teve um colapso e se foi, deixando nove rebentos que foram recolhidos, sustentados, criados e amados pelo patriarca.

Era meu tio-avô, bem mais avô do que tio, e mais Senhor de Todas as Coisas Visíveis e Invisíveis do que avô e tio. Morara durante anos no Grajaú. Ao se aposentar, mudou-se para Paquetá, onde fora tirano absoluto ao tempo em que era diretor das Águas. Dele dependia o cano problemático que trazia água do Rio para a ilha. Se ele mandava fechar o cano, a ilha toda ficava dias sem água – e esse era o seu poder e a sua glória.

Quando o conheci, já era velho, perto dos oitenta anos, sempre de pijama limpinho, a voz que ressoava pela casa toda, como a de um ser sobrenatural que dava nome e função às coisas todas.

Como tinha milhões de sobrinhos, não nos identificava com facilidade. Sabia vagamente de quem éramos filhos, trocava nossos nomes, mas era justo e imparcial quando, no café da manhã, cortava com uma faca especial fatias de queijo e as distribuía com equidade, fatias fininhas, diáfanas, tão iguais que pareciam saídas de uma lâmina sobrenatural.

Houve o dia em que fomos na sua lancha a Brocoió, o noroeste soprou de repente, dificultou a volta e, no meio das ondas, víamos o seu vulto na praia da Guarda, de pijama, olhando o nosso sufoco. Não tínhamos medo de naufragar e de morrer afogados, mas de chegar à praia e enfrentar a sua voz grave, ressoando no espaço infinito, como a de Deus ao ordenar o dilúvio.

O tempo passou, eu fiquei homem e ele ficou mais velho. Continuou morando em Paquetá, a família se distribuiu por aí, ele ficou sozinho na imensa chácara, com duas sobrinhas tomando conta dele.

Num maio qualquer, quando ele fazia anos, fui visitá-lo. Encontrei-o com o pijama de sempre, parecia o mesmo daquela tarde na praia da Guarda, quando ali ficou até que chegássemos salvos.

Falava pouco, mas sua voz era a mesma. Voz que ressoava mais forte na casa agora vazia, sem mais ninguém, a não ser ele, as duas sobrinhas idosas e o visitante circunstancial que era eu.

Perguntou se eu queria dormir no mesmo quarto que ele. O convite era um privilégio, não era dado a todos, equivalia a uma sagração. O quarto era grande, bem arejado, com duas enormes camas separadas por uma cômoda de jacarandá que ele havia ganhado de um barão do tempo do Império.

Em minha infância, nunca tivera tanta e tamanha intimidade: dormir com ele, no mesmo quarto, ouvindo seu ronco, se acaso ele roncasse, como os velhos costumam roncar. Bem que uma de minhas primas fez tudo para arrumar um quarto para mim, mas, quando viu que o Grande Tio queria mesmo que eu dormisse com ele, fez-lhe a vontade.

Jantamos, ele tomou uma canja com um copo de vinho tinto, depois foi para o jardim e ficou dando voltas em torno do imenso pé de tamarindo que fora uma das glórias da família – fomos criados à custa do maravilhoso suco de tamarindos de que a formidável árvore nunca deixara de nos abastecer.

Da varanda, eu via a brasa do seu cigarro ficando mais vermelha cada vez que ele tirava uma tragada. Depois, perguntou se eu queria dormir. Entendi. Ele é que ia dormir e me convidava para ir junto.

Éramos então dois adultos, ele velho, noventa e tantos, eu ainda nos trinta. E ia fazer uma coisa maravilhosa, inédita: dormir ao lado de um deus, do patriarca que criara, educara e encaminhara toda uma família de sobrinhos e agregados.

Fui ao banheiro, vesti o meu pijama como se vestisse um uniforme. Ao menos naquela noite, ficaria igual a ele. Creio que nunca me vira de pijama, mas nem passou recibo. Aprovou. Esperou que eu me deitasse, só então reparei que havia uma vela espetada num castiçal de Murano na sua mesinha de cabeceira. Com gesto lento, como se fosse oficiar uma missa solitária, ele acendeu a vela. Com o castiçal na mão, foi à tomada junto à porta e desligou a luz do quarto.

Voltou solenemente para a sua cama, a vela iluminando as paredes e o teto com as imagens trêmulas dos seus passos. Deitou-se lentamente, cobriu-se com dignidade, deu um pequeno bocejo, tomou fôlego e, com um sopro único e viril, apagou a vela.

E, na escuridão daquela noite única, ouvi sua voz de sempre, aquela voz que me dava medo em criança, que tanto me fazia tremer, na bênção que não pedi e me foi dada de graça.

Acidente de percurso da química e da gula

Não sei bem por quê, mas eram considerados primos. Em algum ponto havia uma bifurcação genética, e os Almeida da Silva tinham alguma coisa a ver com os Moraes, nossa família materna. Eram muitos, quase uma legião, e, tirando o mais velho, que era varão, o resto eram mulheres, seis ao todo. Casaram-se no devido tempo, um dos maridos mexia com produtos químicos, daí que todos eles receberam a classificação coletiva de "químicos".

Eram gregários, viviam sempre juntos, moravam juntos, faziam tudo juntos. Além de gregários, eram vorazes. A especialidade deles era frequentar festas em que havia bufê. Casamentos, batizados, comemorações diversas, tudo que incluísse salgadinhos, docinhos e coquetéis adocicados, e lá estavam eles, em romaria. Não se misturavam com os outros, mas dispunham de uma estratégia especial para se colocarem nos salões, nas sacristias, onde ocorresse qualquer variedade de boca-livre.

O general em chefe, o líder, o mais escolado, era o Eurico, que ninguém sabia ao certo o que fazia, ou melhor, o que não fazia, pois nunca fora nem fizera nada, tinha pais velhos, esperava que eles morressem para assumir a renda de cinco casas no Cachambi. Casara-se aos cinquenta anos, dormia até tarde e à tarde, gostava de Vicente Celestino e de empadinhas de camarão. Sem falar nas coxinhas de galinha, que eram um capítulo à parte na enciclopédia de sua gula.

Empadinhas de camarão ele encarava sem exigências, viessem de onde viessem, as domésticas, grandes e obesas, as pequeninas, feitas para tira-fome. Já as coxinhas de galinha exigiam dele uma investigação preliminar. Desdenhava coxinhas feitas em casas ou nas padarias. Só comia as da Colombo.

Era temeridade convocá-los para qualquer recepção. Bastava convidar um deles e todos se sentiam convidados, chegavam juntos, comiam juntos e juntos iam embora, empanturrados de canapés, bolinhos de queijo e de bacalhau, croquetes de carne, empadinhas de camarão e, se fosse o caso, de coxinhas de galinha. Os demais "químicos", por osmose, por simbiose, por contágio, também só comiam coxinhas de galinha da Colombo.

Obedecendo ao comando do chefe, colocavam-se em posições estratégicas para não perderem de vista os garçons que circulavam com as bandejas. Não falavam com ninguém e ninguém falava com eles. Mas trocavam entre si sinais cabalísticos, códigos indecifráveis, avisando-se mutuamente do que havia, do que ainda haveria, da quantidade e da qualidade da oferta.

Reza a lenda familiar que houve um acidente de percurso dos "químicos", causado pelo casamento da filha de um comerciante da rua Sacadura Cabral, atacadista de queijos, manteiga e demais laticínios. Os "químicos" não conheciam nem o atacadista, nem os noivos, nem os parentes mais próximos, mas souberam do evento por interposta pessoa. Forçaram um convite, o atacadista era pródigo, disse vagamente que sim, mas esqueceu-se de mandar o convite.

Foi feita uma consulta foral ao Eurico: deviam ir ou não ir? Recusavam-se a ser bicões, a invadir festas estranhas, nesse ponto eram radicais. Mas a tal interposta pessoa falou genericamente, na base do "apareçam". Os "químicos" apareceram.

Sem convite nas mãos e confiantes na infalibilidade do chefe, eles não guardaram o endereço onde rolaria o famoso, o farto bufê da Colombo, razão pela qual Eurico já salivava desde a véspera, prelibando as coxinhas de galinha que o esperavam.

Todos prontos, os varões enjaquetados em terno azul-marinho e gravata prateada (uniforme dos "químicos" para as grandes efemérides), as damas afogadas em tafetás chamejantes, na hora de partirem para a festa ficaram sem saber para onde deviam ir. Novamente consultado, Eurico pela primeira vez teve um lapso de memória. Sacadura Cabral ou Gago Coutinho? A primeira rua era no Centro, perto da praça Mauá. A segunda era nas Laranjeiras, perto do Parque Guinle.

Convocados para a emergência, os neurônios do Eurico trabalharam rapidamente. Ninguém encomendaria o suntuoso bufê da Colombo para uma recepção nas proximidades da praça Mauá. Por exclusão, só podia ser na rua Gago Coutinho, aos pés do Palácio das Laranjeiras, onde morava o presidente da República.

Rumaram para lá. Esbarraram numa dificuldade suplementar. A rua não era grande, mas tinha algumas casas e alguns edifícios. Espremidos numa Kombi, que era alugada para tais ocasiões, esperaram que Eurico saltasse e fosse estudar o terreno.

Naquele tempo, o poeta Tiago de Melo havia retornado do exílio, no Chile, e morava naquela rua. Havia convidado alguns ex-asilados e amigos para uma reunião onde um poeta chileno, o Juvencio Valle, recitaria poemas sobre a libertação dos povos da América Latina e dos países afro-asiáticos. Havia alguns carros diante do edifício em que Tiago morava.

Eurico enviou os sinais respectivos, e os "químicos" desceram e logo subiram ao apartamento do Tiago, que estava cheio e ficou mais cheio com a explosão demográfica do espaço. Recitado o último poema de Juvencio Valle, Tiago mandou buscar umas pizzas numa padaria do largo do Machado.

O buraco da memória

Coisa misteriosa, para mim, é um buraco, qualquer buraco. Na infância, ficava intrigado: quanto mais terra tirava, mais terra havia. O buraco não acabava, a menos que eu fosse parar no Japão, que me garantiam estar bem embaixo do meu quintal, em Lins de Vasconcelos, mas do outro lado do planeta. Seria exagero, nada tinha a fazer no Japão.

Memória também é um buraco, quanto mais se tira matéria, mais matéria aparece. E, ao contrário dos buracos que fazia no quintal, nem adianta ir até o fundo, pois não há nada, nenhum Japão no fundo dela. Santo Agostinho dizia que a memória era o "ventre da alma". É por aí mesmo.

Mexendo em papéis antigos, dei com um dos testamentos que o pai fazia de vez em quando, nos raríssimos momentos em que não tinha nada a fazer. Eram muitos os seus testamentos, suas últimas declarações e vontades. Começava invariavelmente perdoando todos os seus inimigos – e ele nunca teve um inimigo. Não levava mágoas de ninguém, pois nunca se sentia magoado, um bom-dia que recebia do vizinho ou do leiteiro era uma homenagem, um tapete vermelho estendido à sua frente. Acreditava que todos gostavam dele porque gostava de todos.

Não se lembrava de ter, voluntariamente, ofendido ou destratado quem quer que fosse e, se o fizesse, pedia desculpas e prometia reparação – se houvesse tempo e oportunidade. Citava uma infinidade de amigos e conhecidos, dando um livro de sua biblioteca ou um selo de sua coleção a cada um deles como "penhor de sua amizade". Pedia moderação nos funerais, nada de luxos e de prantos. Aceitava preces, confessava que tinha muitos pecados e deles se arrependia.

Foram vários os testamentos, todos mais ou menos iguais, somente as datas variavam. O último, feito pouco antes do fim, foi o mais enigmático, ele que não tinha enigma nenhum, era transparente e colorido como um vitral de igreja. Deixou um embrulho para mim, embrulho que nunca abri.

Foi a forma que encontrei para que ele continuasse perto de mim.

Uma valsa no início da noite

O primeiro rádio foi um sucesso: um Pilot de seis válvulas, numa caixa de madeira em forma de janela gótica. O tecido que protegia o alto-falante era de um grená profundo, aveludado, coava luxuriosamente a voz de Chico Alves e Mário Reis, os agudos de Vicente Celestino.

O pai saíra para trabalhar e deixara tudo pronto. Era só ligar o fio na tomada da parede e ele funcionaria na estação que minha mãe escolhesse e no volume desejado.

No final da tarde, esquecidos de que o fio ficara desligado, apertamos o botão encimado pelas cabalísticas palavras "*on*" e "*off* ". Esperamos a luzinha vermelha se acender.

Não acendeu. Apertamos o botão de novo, na terceira tentativa cheguei a ouvir um estalo dentro da caixa mágica. – Agora vai! – Não foi.

Convocamos o vizinho, um sujeito que se chamava Ângelo, passava o dia todo de pijama, sentado numa cadeira de vime, na calçada em frente. Ele foi buscar os óculos, veio mexer no botão fatídico, deu palmadas na parte de trás do rádio, declarou que o aparelho enguiçara – e voltou para a sua cadeira de vime na calçada.

Foi com ódio que ouvi os rádios vizinhos serem ligados, a voz de Gastão Formenti varar o ar fino da Boca do Mato, no sucesso do momento: "Folhas ao vento... assim o destino nos separou...".

Excitado por ter um rádio à sua espera, o pai chegou mais cedo naquela noite. Acabávamos de jantar e ouvimos o barulho que ele fazia ao abrir o portão do jardim. Corri para ele e denunciei o mau comportamento do Pilot.

– O rádio não funcionou! Seu Ângelo disse que está enguiçado!

O pai não gostava de seu Ângelo, cismava com o pijama dele, a cadeira de vime na calçada, a disponibilidade de tempo que o vizinho exibia acintosamente. Chamava-o de "parasita social", brigavam por causa de selos que ambos colecionavam e nunca se entendiam sobre política.

– Não quero que chamem aquele integralista para nada! É um fascista!

Diante do rádio, o pai examinou se havia algum vestígio da intromissão do vizinho. Na dúvida, passou o lenço pela madeira envernizada do aparelho, a fim de exorcizá-lo de qualquer influência nefasta. Depois perguntou se nós havíamos ligado direito. Eu disse que sim. Minha mãe confirmou e apontou o botão fatal.

O pai estava tenso até então. Quando percebeu que não o ligáramos na tomada, relaxou e riu. Com a perícia do mágico que quebra um ovo e do ovo faz surgir uma pomba, ele afastou o aparelho da parede, pegou o fio que pendia inútil e esquecido, ligou-o – e, maravilhosamente, o som de uma valsa vienense encheu a nossa sala, a nossa noite, a nossa alegria.

Foi esse o meu primeiro trombo com os aparelhos que se ligam às tomadas elétricas, com aquilo que, com algum exagero, poderia chamar de "tecnologia de ponta". Daí para cá, seguiu-se o longo desfilar de escaramuças e prejuízos, incluindo geladeiras, barbeadores, ar-refrigerado, gravadores, aparelhos de som, facas elétricas – agravados pelo advento da era eletrônica, que entupiu meu cotidiano com micro-ondas, vídeos a serem programados, fax, o diabo.

Bem ou mal, ia levando, até que vi, entronizado como ponta de lança inimiga na minha cidadela, o primeiro computador.

Chegara o momento da verdade. A geração de jornalistas que me antecedera fora marginalizada pela máquina de escrever. O pai pertencera a essa turma, nunca se adaptara, chegava a catar milho, mas – segundo suas próprias palavras – ficava oco, "sei onde estão as letras mas não sei o que fazer com elas".

Agora era a minha vez. Ou decifrava a esfinge eletrônica ou por ela seria devorado. A princípio, julguei-me desgraçado. Afinal, bem podia ter pendurado as chuteiras sem necessidade de encarar um desafio para o qual estava despreparado. A lembrança do Pilot enguiçado, seu Ângelo de pijama dando palmadinhas no nosso rádio, foram as imagens que me perseguiram quando vieram instalar um computador em minha sala.

Os homens entraram com a cangalha ainda encaixotada, recebi-os como anjos exterminadores, anunciando que minha hora chegara. Lembrava o pai enfrentando uma Olivetti contemporânea do naufrágio do *Titanic*: não adiantava saber onde estavam as letras, o importante era saber o que fazer com elas.

Logo descobri que o computador podia funcionar como uma simples máquina de escrever, apenas bem mais dotada. Depois de um jejum de vinte e três anos, em menos de um mês desovei um quase-romance e logo em seguida um outro e depois um terceiro. Minha tecnofobia continua em alta, cultivo um pacto mortal com aparelhos sofisticados, mas também, que diabo, não sou idiota a ponto de recusar a evidência.

Contudo, cada vez que ligo o computador, nunca esqueço de olhar o fio da tomada. Espero que a luzinha verde do transformador se acenda – nem tenho mais seu Ângelo à minha disposição, com seu pijama e sua cadeira de vime na calçada, para vir dar palmadinhas no meu já superado 486. Cumprido o fundamental, tenho a certeza de que novamente uma valsa vienense inundará meu espaço e alegrará a minha noite.

JORNALISMO

As ligações perigosas do jornalismo e da poesia

No século passado, quando nasci e me iniciei no ofício que até hoje exerço, um dos meus espantos foi descobrir que, nas redações de antigamente, todos, do redator-chefe ao contínuo que levava os originais para a composição, todos, sem exceção, faziam poesias, sendo o soneto o estuário preferencial para o estro geral.

Eu levava então da poesia, se não um amor entranhado, um respeito religioso, uma admiração distante e sagrada. Não conhecia até então nenhum poeta em carne e osso e, no fundo, no fundo, achava que os poetas não tinham carne nem osso. Ora (direis) ouvir estrelas!, vai-se a primeira pomba despertada, querida, ao pé do leito derradeiro, a lua banha a solitária estrada, auriverde pendão de minha terra – todos os versos que conhecia eram desossados, feitos de éter e nuvem, nada tinham a ver com os homens que conhecia e mesmo com aqueles que não conhecia.

Até que, no final de uma tarde de distante ano, subi as escadas, combalidas e decadentes, do meu primeiro jornal, um jornal que vivia de seu passado enquanto eu queria começar a viver o meu futuro.

O secretário, que depois do dono era a autoridade máxima da redação, chamava-se Mâncio, se não estou enganado, Mâncio Teixeira, era paraense ou maranhense. Apresentei-me e apresentei meu pequeno texto, a Central do Brasil decidira cancelar uns trens por medida de economia ou coisa equivalente.

Mal me aproximei, percebi que Mâncio apressadamente escondia a lauda que estava escrevendo, metendo-a numa pilha de matérias que ele teria de ler para encaminhar às oficinas. Meio sem jeito, como se fosse surpreendido fazendo má ação, ele leu o meu texto, corrigiu uma concordância, mas elogiou a matéria. Pediu que ficasse mais um pouco ali, talvez precisasse de mim para fechar a primeira página.

Aproveitei uma ida dele ao banheiro e dei uma espiada na pilha de matérias, para saber como sairia a edição do dia seguinte. E encontrei a folha que ele escondera afobadamente: era uma poesia, mais precisamente um soneto. Estava no segundo terceto e continha o uivo desesperado de uma dor de corno recente e sangrada.

Não tive tempo de ler o soneto, mas fiquei pasmo. Então um secretário de redação, com a obrigação de fechar um jornal com cotações da Bolsa, crimes na Baixada Fluminense, crise na bancada do governo, o Flamengo mudando de técnico, o prefeito prometendo acabar com as enchentes do Catumbi – e ele suava para encaixar rimas e decassílabos, dando conta da devastação em que vivia após a certeza de que era traído.

Durou pouco meu pasmo. Cedo descobri que, uns pelos outros, todos compunham seus versos, uns de forma escondida, outros abertamente, pois faziam questão de passá-los de mesa em mesa, cobrando uma opinião, mas esperando um elogio.

Frequentei outras redações, mais nobres, com gente mais ilustre. Mas nunca esqueci o Mâncio, que morreria pouco depois, de infarto fulminante, ao subir as combalidas e decadentes escadas de sua redação. Não era paraense nem maranhense, como eu supunha, mas de Parnaíba, no Piauí, segundo vim a saber no necrológio que alguns jornais publicaram. Era viúvo e não deixou filhos. Mas publicara na mocidade um livro de poesias, com o profético título de *Versos inúteis*.

Para compensar a inutilidade dos versos do Mâncio, encontrei pelas redações poetas de fulgurante presença nas letras nacionais. No *Correio da Manhã*, durante anos fui colega de Carlos Drummond de Andrade, era meu vizinho no Posto 6, dava-lhe carona no meu carro, nunca o surpreendi fazendo um poema ou falando de poesia.

Nem todos tinham a sua glória e serventia. Eu preferia ler poemas que eram feitos envergonhadamente nas folgas do trabalho. O setorista credenciado no Ministério da Marinha brindou-me certa vez com um enorme poema sobre Tamandaré. Pouco depois, ele ganharia a medalha do Mérito Naval por conta de seus versos.

Quando publiquei, eu mesmo, o primeiro romance, passei a ser considerado *persona grata* dos editores, pelo menos do meu editor, que era o Ênio Silveira, da Civilização Brasileira.

Certo fim de noite, quando a redação começava a ficar vazia, fui chamado ao gabinete do diretor responsável pelo jornal, um personagem imponente, de olheiras dramáticas e voz cavernosa, que já se candidatara cinco vezes à Academia e cinco vezes tivera apenas um voto de um acadêmico que era positivista como ele.

Nunca me chamara, eu até suspeitava que ele nem soubesse da minha existência. Levantou-se quando entrei em sua sala, ofereceu-me um café e pediu que lesse um soneto que acabara de fazer.

Evidente que elogiei o soneto, mas exagerei um pouco. Como castigo, ele abriu uma gaveta e dela tirou um calhamaço de versos. Que lesse com atenção e, se achasse mérito naquela produção poética, a encaminhasse ao meu editor. E, para me subornar, disse que somente eu poderia escrever-lhe o prefácio.

O grande legado da letra H

Na antiga sala de imprensa da Prefeitura do Rio, quando a cidade ainda era a capital, reuniam-se representantes de todos os jornais e emissoras, credenciados por suas redações para cobrir os atos e eventos do prefeito do Distrito Federal, que tinha então, só superado pelo presidente da República, o poder de vida e de morte sobre a cidade, seus habitantes, cachorros, bicheiros e assemelhados.

Uma fatia desse colossal poder caía por gravidade em cima dos jornalistas credenciados, que tinham acesso fácil e direto ao prefeito. Não havia ainda a concorrência pelo furo, pela exclusividade, pela primeira mão da notícia. Os jornalistas, que ali permaneciam por anos (a rotatividade nas redações era insignificante naquela época da imprensa amadorística), tornavam-se amigos, parentes, formavam uma casta poderosa, uma vez que o prefeito mudava mas eles continuavam ali, jiboiando nos imensos sofás municipais, a um pé do gabinete particular do alcaide.

A amizade era profunda, atravessava gerações, foi lá que substituí o pai como repórter de setor num jornal aqui do Rio. Matava-se e morria-se pelos outros, mas havia uma cunha, uma dramática fenda na sólida muralha de amor que nos unia. Eram as entradas para o Municipal.

Nesse tempo, a nossa principal casa de espetáculos tinha uma programação que atravessava o ano todo – óperas, balés, concertos, companhias estrangeiras, como a Comédie-Française –, e, para coroar tudo isso, o baile de Carnaval, que atraía o pessoal de Hollywood. Um dos nossos teve a honra de rebolar na pista com a Ginger Rogers, que por instantes se esqueceu do Fred Astaire e aprendeu com o Pereira Filho, representante do *Diário Carioca*, a mexer os quadris.

Por ordem que vinha de um prefeito antigo, acho que de Estácio de Sá ou de seu imediato sucessor, a fila G dos balcões simples, que ficavam embaixo das galerias, era destinada à sala de imprensa, que distribuía as cadeiras entre os amigos da redação ou da família. E, como os lugares eram poucos e os bicões muitos, providenciou-se uma fila extra de assentos, que não eram poltronas, mas simples cadeiras de escritório, que foram agrupadas na chamada fila H.

Ah! A fila H! O que se brigava por causa de uma reles cadeira quase colada ao teto, gerando torcicolos dramáticos em óperas de mais de cinco atos, sobretudo nas óperas de Wagner. A turma que vivia em espírito de tebaida, todos por um e um por todos, na disputa por uma cadeira na fila H transformava a tebaida num campo de batalha, havia bate-bocas homicidas, prometiam-se denúncias de irregularidades e abusos do poder, o reino de cada um por uma cadeira na fila H!

A coisa transcendeu a sala e contaminou as redações. Naquele tempo, também havia lotações pela cidade, uns micro-ônibus cor de laranja, com o itinerário pintado de alvaiade no para-brisa, em letras garrafais. O Méier-Mauá era o mais famoso de todos, tinha um complicado itinerário, passava por toda a cidade antes de chegar ao Méier, daí que era disputadíssimo. O Carlos Estêvão, que fazia charges no *Cruzeiro*, botava sempre um Méier-Mauá em suas histórias, havia uma cabeça humana mumificada na antena, e o itinerário de seus lotações era assombroso: saía da Presidente Vargas, passava por Ohio, Massachusetts, pelo Cariri e só então chegava ao Méier, fazendo antes uma escala na ilha de Alcatraz.

Os lotações tinham capacidade limitada, mas, na hora do *rush*, era possível colocar alguns assentos extraordinários – que logo foram chamados de fila H, pois eram inconfortáveis como os do Teatro Municipal.

Como disse acima, foi na sala de imprensa que iniciei combalida carreira que estou encerrando. Sendo o mais jovem da turma, nunca tive acesso à fila G, que era disputada na base dos palavrões e ameaças de denúncias graves, gravíssimas. Nem tinha cacife para pleitear coisa melhor, aceitava a fila H como um legado, a metade de um reino imaginário, um privilégio sobrenatural.

E, como saía da sala na hora do *rush* e ainda não tinha viatura própria, contentava-me também com a fila H dos lotações que me levavam do Palácio Guanabara, onde funcionava o gabinete do prefeito do Distrito Federal, até a avenida Rio Branco, onde ficava o jornal para o qual trabalhava.

Pensando bem, não progredi muito, nem na vida nem na profissão. O Palácio Guanabara deixou de ser sede da prefeitura e passou a sediar o governo do Estado. O jornal mudou-se. O Rio deixou de ser capital e, quando fizeram uma das reformas do Teatro Municipal, parece que suprimiram a fila H, instalaram equipamentos novos de som e luz, há menos lugares para melhor espetáculo e maior conforto.

Dos lotações nem se fala. Foram exilados. Grande parte da frota cor de laranja eu encontrei em uma ida a Buenos Aires, em tempos de pecúnia pouca por aquelas bandas. Nenhum deles ia da praça Mauá para o Méier, passando antes por Ohio, Massachusetts e pelo Cariri.

De tudo isso sobrei eu, que continuo numa espécie de fila H intransponível. Houvesse fila I, fila J – e eu as receberia como um prêmio, uma graça sobrenatural. E certamente imerecida.

O preço

São mais de cinquenta anos no ofício. Tempo de sobra para aprender os macetes todos e, sabendo manejá-los, assumir a cara e a coragem do vencedor. Mas não deu pé. Olho-me no espelho e vejo sempre aquele rosto antigo e perdedor. Seria o caso de me perguntar: onde errei? Qual foi a esquina que eu dobrei errado? Na verdade, foram tantas as esquinas erradamente dobradas que fica difícil descobrir a esquina fatal. Olhando tudo em conjunto, todas foram fatais, e pelo menos alguma delas deveria ter dado certo. Tal como os planos econômicos do governo, nada deu certo.

Felizmente – e para diminuir o prejuízo da operação – houve algum lucro. Duramente aprendi que tudo tem um preço e não precisava ter me esbofado tanto para lucrar tão pouco. Outro dia, folheando um jornal ao lado de um amigo, fomos identificando os *lobbies* de cada um, o itinerário de cada produção, o roteiro de cada sucesso, o calvário de cada espinafração. Tudo tão óbvio, tudo tão primário que, de repente, chegamos à conclusão de que não são mais os jornalistas que fazem o ofício, e sim os lobistas de diversos tamanhos, feitios e intenções. Sim, são eles que pressionam para que determinado ministro apareça mais do que o outro, que determinado artista brilhe mais do que o colega, que determinado assunto tenha mais peso na edição. Hora a hora, minuto a minuto, na feitura de um grande jornal ou de uma revista, o pessoal do *lobby* atua incansavelmente, sem trégua, criando estratagemas que vão desde a garrafa de uísque ao acesso de determinada fonte, passando pelos subornos menores do almoço no restaurante caro ao tapinha nas costas para mostrar intimidade.

Acho que já contei aqui: no tempo de meu pai, a imprensa era subornada com a mesa do lanche que os paredros esportivos promoviam no meio-tempo das partidas. A rapaziada dos jornais acorria, mesmo que não fosse ligada ao esporte. Durante a semana, avisavam que o Fluminense ou o Vasco dariam lanche entre o primeiro e o segundo *half-time* – e o pessoal das redações surgia, aflito, em busca dos sanduíches de salame e dos copos de guaraná na primitiva boca-livre daqueles tempos.

Hoje, o furo é mais em cima. No geral, o pessoal da imprensa subiu de nível social e econômico, mas continua gravitando em torno dos ricos e poderosos. A estrutura do poder de tal modo se acomodou à imprensa (a operação contrária também se verificou, com a imprensa se acomodando à classe dirigente) que hoje os ministros, os departamentos, os governos, as prefeituras, as principais empresas e até mesmo os principais indivíduos dispõem todos de um serviço de assessoramento de imprensa, o tal do porta-voz em destaque.

Mais de trinta anos de ofício – repito –, e o pouco que sei não valeu a pena aprender nem valerá a pena transmitir. Encurtando a história: em 1961, em Punta del Este, entrevistei o chanceler do Haiti, que ali estava, votando ao lado dos americanos contra Che Guevara. Encontrei o enorme crioulo tomando sol na praia e decidi incomodá-lo. Ele representava a sangrenta ditadura de Papa Doc, mesmo assim posava de defensor do mundo livre. Perguntei-lhe se não sentia contradição em sua atitude, e ele me respondeu, em seu francês impecável:

– *Votre profession est très sale*.

É isso aí. Uma profissão suja, que dá a quem a pratica a impressão de ser um novo Adão, a distribuir o Bem e o Mal, colando nomes às coisas e, quase sem perceber, vendendo a alma diariamente por um copo de guaraná e um sanduíche de salame.

O primeiro jornal

Manhã de sábado, um compromisso obrigou-me a ir ao centro da cidade pisar calçadas há muito não pisadas por meus pés. Tenho o abominável costume de chegar uma hora antes de qualquer encontro – prática condenável que já me causou constrangimento e perda de amigos: nem por Deus-Padre espero mais do que quinze minutos – daí nunca ter sido amigo nem candidato a amigo de Deus-Padre.

Voltemos à manhã de sábado e àquela hora vadia que me deu espaço para rodear o quarteirão, naquela zona mais ou menos próxima da praça

Mauá. Não sou de usar certas palavras, e uma delas é "desolação". Mas foi isso mesmo que encontrei: um ambiente de desolação.

Procurei reconhecer, na rua estreita que segue paralela à avenida Presidente Vargas, a velha redação da *Gazeta de Notícias* – onde exerci a faina desta profissão que agora nem mais ofício é: é mau hábito, quase vício.

Já então o jornal não ia muito bem das pernas, escorava-se em sua tradição. Fora, durante anos, o jornal de seu tempo, dando régua e compasso à vida nacional. Quando pela primeira vez subi seus degraus de madeira, em busca da redação, senti mais que decepção: senti pena de mim mesmo. Então o meu futuro seria ali, naquela masmorra de notícias mal impressas, às vezes mal redigidas?

Bem, no que importa à minha biografia modesta e ainda incompleta, tentei dar a volta por cima, fui trabalhar em outros cantos – mas a redação da *Gazeta* ali ficou, caindo em escombros, como de resto todo aquele trecho da cidade.

E agora, na manhã de sábado, procuro identificar o velho prédio e não o encontro, perdido está entre prédios igualmente velhos e decadentes, vésperas de ruínas. Nenhum edifício moderno foi ali construído, nem assim localizo a sede do meu primeiro jornal. Eu o imaginava solene, talvez nobre, três ou quatro andares – e tudo não passava de nostálgico exagero: nenhum prédio ali chega aos três andares.

Em tempos idos, àquela redação subiram Olavo Bilac, Emílio de Meneses, Coelho Neto, Artur de Azevedo, Figueiredo Pimentel (autor do *slogan* "O Rio civiliza-se!"), o grande Ferreira de Araújo, o imenso José do Patrocínio, que, antes de fundar seu próprio jornal (onde praticaria a nobre arte da picaretagem, muito em moda então e agora), ali deixara o rastro de sua campanha pela Abolição.

Para compensar tantas e tamanhas glórias, ali também eu subi, muitos anos mais tarde, modesto e incompetente, levando no bolso as notas do obscuro expediente municipal: "O prefeito do Distrito Federal baixou portaria removendo, a pedido, o escriturário padrão I Antônio Torres de Araripe, matrícula 28.756, da Secretaria de Educação e Cultura para a Secretaria de Saúde e Assistência".

O jornal vivia de seu passado, e eu procurava viver antecipadamente do meu futuro. Não podíamos terminar bem. A ruptura veio logo, tomei outros rumos, assumi outros destinos. À minha maneira, bem mais cedo do que esperava, também me tornei um escombro – mas isso era problema meu.

O problema do jornal é que ele deixou de existir. Volta e meia é ressuscitado apenas no logotipo, nada tem a ver com a *Gazeta* de Ferreira de Araújo. Pior que o desaparecimento do jornal foi o "desaparecimento" do seu prédio, que nem sequer caiu ou foi demolido: simplesmente não pode ser reconhecido. E foi aí que me fiz a pergunta: se acaso eu esbarrasse com o rapaz que fui àquela época, eu o reconheceria?

E, o que é pior, ele me reconheceria? Certamente cruzaríamos um com o outro como dois estranhos, talvez como dois adversários. Ele me cobraria pelo futuro que não teve e eu o reprovaria pela esqualidez desolante de seu passado – e lá se foi novamente a palavra gerada da desolação com a qual, pouco a pouco, vou me habituando a conviver.

Cerimônia para aplacar a gula de um orixá

Jorge Amado ouviu-me com atenção. Eu precisava fazer uma reportagem sobre os candomblés da Bahia. Perguntei se isso podia me prejudicar. Ele respondeu sabiamente:

– Mal não pode fazer.

Acompanhou-me aos umbrais do alto do Gantois, onde a ialorixá Maria Escolástica Conceição de Nazaré, mãe de santo Menininha do Gantois, "com exemplar dedicação e perene bondade, há cinquenta anos zela pelos orixás e pelo povo da Bahia" – foi o que li numa placa cujo texto traía o estilo e a devoção do romancista baiano.

Encontrei-o vestido de branco, belo como um babalaô, seus cabelos combinando com aquela veste nupcial e turística. Mãe Menininha estava se aprontando. Como filha de Oxum, a vaidade é um dos seus atributos espirituais. Jorge pediu que ela jogasse os búzios para mim.

Deu Xangô na cabeça. É um santo cabreiro, rei do fogo e do trovão, que cometeu incesto com a mãe. Gosta de cágados. Suas cores são o vermelho e o branco. Orixá dos raios, é esposo de Iansã, de Oxum e de Obá.

Identificado meu pai espiritual, Mãe Menininha recomendou-me uma descarga. Alguém mal-informado andava me invejando, e uma mulher havia feito trabalho forte para me atrapalhar os caminhos – já atrapalhados por natureza. Jorge me explicou em voz baixa que Xangô é reservado, não gosta de se misturar com os outros. Foi a única característica de meu pai espiritual que me calhou. Não sou incestuoso nem domino os raios e trovões. Tampouco gosto de cágados.

Recebi a lista dos ingredientes que devia comprar: dois galos, feijões de diversas qualidades, verduras variadas, farinha, dendê, acarajé, abará e outras guloseimas que os santos apreciam. Levei um dia para reunir a munição solicitada. Já era noite quando entrei pelos fundos do terreiro, deixando na cozinha os apetrechos. Ali viviam umas vinte pessoas, imaginei que no dia seguinte haveria um suculento cozido no cardápio.

Na manhã seguinte, fizeram-me entrar numa pequena casinhola dedicada a Exu. Trata-se de um profissional que desempenha as funções que lhe encomendam. Tal como os frades espanhóis dos romances de capa e espada, dele se esperam as piores coisas. Qualquer ritual precisa puxar o saco dele.

Lá fui eu, acompanhado por duas acólitas idosas e uma jovem filha de santo, roliça e de olhos verdes. Quando entrei nos domínios de Exu, vi intactos todos os mantimentos que trouxera na véspera. Uma das velhas fez um círculo de giz baiano no cimento, mandou que ali me postasse. A mocinha de olhos verdes começou a falar em nagô enquanto passava pelo meu corpo a comida que eu havia levado. Uma das velhas misturava tudo num alguidar de barro.

A *pièce de résistence* foram os galos. Uma das acólitas mandou que eu segurasse um dos galináceos e contasse aos ouvidos dele as minhas desditas, fazendo depois os meus pedidos.

Eu não tinha nada a pedir especificamente. Olhei bem o galo. Nem sabia ao certo onde fica o ouvido dos galos. Assustado, temendo que boa coisa não o aguardava, ele estava apavorado. Seu olho redondo me fixava, severamente, como se soubesse a bisca que sou. Uma das velhas, por experiência adquirida no ofício, lembrou a virilidade:

– Peça a força, meu filho... tem mulher querendo te atrapalhar...

Recusei a sugestão: não se mexe em time que está ganhando. Preferi pensar em abstrações, felicidade, saúde, prosperidade, paciência, amor à pátria. As velhas me urgiam:

– Fale... fale... Exu está esperando...

Perdi a vergonha e murmurei naquilo que julgava ser as ouças do galo uma abominável exigência de minha carne. A ave deu uma tremedeira e fez suas necessidades: sabia que ia morrer. Mandaram-me que segurasse com firmeza a presa, mas olhasse para o lado.

Quando voltei à posição anterior, o galo continuava em minhas mãos, mas sem a cabeça. A mocinha apanhou-o e foi sangrá-lo em cima dos tridentes de ferro e da efígie de Exu, que num canto escuro parecia satisfeito com a cerimônia. As velhas começaram a incentivá-lo com uma xingação cordial e bilíngue, usando termos em nagô e em português. Volta e meia eu entendia uma frase:

– Anda, seu safado, entope essa barriga... coma, coma, seu malandro... encha bem essa pança... e agora beba... beba até se entupir...

Exu ficou melado de sangue, bebendo e gozando, a pança farta. E abrindo-me os caminhos.

Saí de lá e me levaram a outra casa, a do Oxalá, Pai de todos. Ali tudo era branco, calmo, repousante. Fizeram-me acender duas velas. Por conta própria, sem ninguém me pedir nada, agradeci aos santos.

Recomendei amigos e desafetos, amadas e desamadas, vivos e mortos. Inebriado pela generosidade súbita, exagerei: pedi ordem e progresso para o Brasil.

Deixei as duas velas lambendo o espaço sagrado de Oxalá, testemunhas de minha peregrinação ao reino encantado dos orixás. Sentia-me sujo de sangue, o cheiro das velas entrara em minhas roupas, minha carne suava, como depois de uma posse sofrida. Estava redimido de velhas culpas e pronto para adquirir novas.

De como não sentei na cadeira de Bilac

Aos vinte anos, eu sabia latim, mas não sabia tomar um bonde. Ônibus então era mais complicado; afinal, bonde andava sobre trilhos, ônibus andava onde queria, cumprindo itinerários complicadíssimos. Deixara o seminário com odes de Horácio na cabeça, era capaz de recitar trechos inteiros do *Pro Milone*, de Cícero. Mas, nas coisas práticas e necessárias, era uma lástima.

Sabendo que o filho não dera para padre, o pai achou que eu devia ser jornalista, função naquela época destinada àqueles que não davam certo em nenhuma outra. O sujeito ia trabalhar num jornal como alternativa desesperada, após quebrar a cara em outros ofícios que exigiam mais sabedoria e disciplina.

As redações estavam cheias de médicos, advogados, professores, políticos de diversas origens e finalidades, alguns até que davam certo na função principal, mas enchiam o tempo com um bico mal-remunerado, que não exigia habilitação específica, nem mesmo a de escrever razoavelmente.

Era comum a existência daqueles tipos que Lima Barreto descreveu em suas *Recordações do escrivão Isaías Caminha*. O cidadão era considerado entre os médicos por ser bom jornalista e respeitado entre os jornalistas por ser um bom médico.

Foi assim que, naquela tarde, após negociações embrulhadíssimas entre o pai e um secretário de jornal, subi as combalidas escadas da *Gazeta de Notícias*, jornal que já tivera sua glória, endereço famoso na rua do Ouvidor, de cujas sacadas José do Patrocínio levantara as massas a favor da Abolição.

Um tópico da *Gazeta* derrubava ministros, falia bancos, consagrava um ator, provocava uma revolução. Durante a Campanha de Canudos, houve um dia em que morreu mais gente sob as sacadas do jornal do que no arraial do Conselheiro.

O jornal vivia de seu passado, e eu queria viver um futuro, que, aliás, nunca tive. Não podíamos dar certo. Apresentei-me ao tal secretário, que se chamava Mâncio – jamais conheci outro Mâncio, de maneira que não lhe guardei o nome todo, por isso o Mâncio me bastava porque o julgava único e suficiente.

Era um paraense que passava o dia corrigindo as besteiras que os outros escreviam. Nas horas vagas, fazia versos – função mais do que desculpável naquele tempo. Todos, de alguma forma, faziam versos mais ou menos por obrigação existencial. Era uma forma de superar a mediocridade da vida que se levava.

Mâncio tinha na página um pequeno espaço destinado a um soneto diário que ele próprio escrevia sob o título genérico de "Perfí...dias", assim mesmo, eram perfis de adversários ou desafetos do dono do jornal. Estava exausto, já esculhambara metade dos políticos, banqueiros e pessoas gradas do Rio de então. E, como o dono do jornal variava de adversários e desafetos conforme as circunstâncias, a outra metade não perdia por esperar.

Ele me olhou penalizado, tão jovem, sabendo latim (o pai fazia questão de proclamar essa minha única e problemática qualidade) e ali à sua frente, aguardando uma missão que fosse útil a mim e necessária à nação. Como não lhe passasse pela cabeça que eu não soubesse fazer sonetos, pediu-me que fizesse o “”Perfí...dias” do dia seguinte. E deu-me o tema: Carlos Lacerda, que naqueles dias fazia campanha contra o prefeito que isentara o jornal de não sei quantas multas e emolumentos vários.

Apesar da pouca idade, eu já fizera muita coisa reprovável nos meus vinte anos, mas nunca me atrevera a fazer um soneto. Os maiores criminosos, capazes de violar sepulturas, violentar freiras e degolar criancinhas, conservam sempre um limite moral. Por exemplo, não comem carne nas sextas-feiras da Quaresma.

Recebida a missão, procurei um lugar para desovar os catorze versos dos quais dependeria o meu futuro. À frente do Mâncio havia uma mesa e uma cadeira empoeiradas e vazias, que me pareceram apropriadas para a função de fazer um soneto contra o Carlos Lacerda, que eu nem sabia ao certo quem era, nem o que fazia.

Houve um brado retumbante na redação. O próprio Mâncio levantou-se, vermelho de indignação:

– O que é isso? Essa cadeira é do Olavo Bilac!

Levei um susto. Pelo que imaginava, Bilac havia morrido há anos, mas tive a sensação de que de repente ele iria surgir, vindo da rua ou do banheiro, para sentar ali, espanar a mesa e fazer um daqueles sonetos que lhe deram glória.

Pasmo, tendo iniciado tão mal minha carreira de jornalista e sem esperança de me recuperar às custas de um soneto imortal, lá fui eu para os fundos da redação, junto ao pessoal do turfe. Vencida a primeira dificuldade, logo tive outra: teria de encontrar uma rima para “Lacerda”, e a única que eu sabia era impublicável nos jornais daquele tempo.

Mesmo assim, desovei os catorze versos que me garantiram, se não um futuro, ao menos um sanduíche de salame com caldo de cana, que o próprio Mâncio me pagou, numa pastelaria da rua Senhor dos Passos.

Minha noite com Raquel Welch

Modéstia à parte, não foi das minhas melhores noites. A culpa não foi minha: preparei-me para o que desse e viesse, mas nada de excepcional veio nem nada me foi dado – o que é pena.

Oficialmente, Raquel Welch vinha fazer uma curta temporada no Brasil. Profissional competente, ela sabia o que valia naquela época. Tinha de ganhar a vida e o fazia com seriedade. Em Las Vegas, seus produtores haviam bolado um enlatado de trânsito internacional, e lá foi ela, com dezessete acompanhantes e dois mil quilos de bagagem, requebrar o corpo monumental em Paris, no México e no Brasil.

Não se considerava uma atriz, muito menos uma cantora. Definia-se como *entertainer* – função que o Ratinho também poderia invocar. Tinha consciência de que muita gente pagaria uma nota firme para ser entretida "por" ela. E pagaria muito mais se fosse entretida "com" ela.

Foi com sabedoria – e charme até demais – que ela se esmerou em provar, e sobretudo em mostrar, que é um produto de consumo garantido. Quando se abre uma garrafa de Coca-Cola, não se espera encontrar dentro dela um Dom Pérignon de safra nobre ou um pouco de água da miraculosa água da Gruta de Lourdes. Encontra-se Coca-Cola mesmo.

Provocou, como só acontece nessas horas, uma batalha campal com a imprensa. Os artistas que aqui chegam para conhecer nossas maravilhas, ou apenas para defender o leite das suas crianças, não se sentem obrigados a declarar nada de importante. Nada têm a declarar, nem mesmo à alfândega, que generosamente dispõe de uma saída encimada com o aviso: "Nada a declarar", em pelo menos duas línguas.

Daí a irritação dos visitantes, que não compreendem a insistência dos jornalistas em saber o que pensam da vida sexual do presidente dos Estados Unidos ou da crise das bolsas asiáticas. Afinal, quem se interessaria em saber o que Raquel pensa – se é que ela pensa realmente – sobre a queda do iene ou sobre a convulsão do Ronaldinho?

O pior que disseram a respeito dela, naquele ano em que se exibiu em São Paulo e no Rio, foi típico da maledicência nacional: ela seria apenas uma travesti bem-sucedida. Para tirar essa dúvida, uma ida ao seu *show* seria esclarecedora. E lá fui eu, não apenas ao seu *show*, mas a seu camarim.

Fora do palco, Raquel é uma americana típica, de idade indefinível, saúde óbvia e humor variável. Fala francês e espanhol, o pai dela era hispânico, não sei mais de onde. Consegue até ser bonita, mas sem exagero. Jogada nas ruas, seria um rosto na multidão, porque se destacava sobriamente pelo estilo, pela classe padronizada das mulheres habituadas ao sucesso, à admiração dos homens. Nada mais do que isso – e já é muita coisa.

Mas em cima do palco – mesmo sem ser uma atriz excepcional ou uma cantora de talento –, a mulher comum se transformava num animal formidável, um espécime da carne e da forma. Aprendeu diante do espelho, e com mestres entendidíssimos, a arte de mexer com o corpo, o rosto e o resto.

De botar a língua para fora na hora certa, no ângulo exato para sugerir aquele ato que o presidente Clinton pede para as estagiárias da Casa Branca fazerem com ele. De revirar os olhos e passar as mãos pelas próprias coxas.

Depois do *show*, ela me recebeu em sua privacidade. Sua secretária conseguira vencer as resistências do guarda-costas oficial da atriz, um mancebo de vinte e quatro anos que adota a tática de "nunca estar a mais de um metro" da pessoa a quem dá proteção. Garantem que essa distância às vezes é bem menor, pois durante a noite Raquel precisa mais do que nunca ser bem protegida.

Ela descansava de um *show* para enfrentar outro. A fera que eu vira no palco estava reduzida a uma jovem senhora gentil, bonita sem dúvida, mas sem nenhum apelo que me fizesse subir pelas paredes ou descer aos infernos.

Acabara de comer uma maçã, sua boca cheirava bem. Esperou pelo interrogatório que não houve. Afinal, sem querer botar banca de original, não costumo perguntar quase nada às pessoas que entrevisto. Converso as trivialidades do momento. Tempos atrás, o Emerson Fittipaldi estranhou o meu modo de trabalhar. Ao fim de dois dias de convivência, ele me perguntou quando a entrevista ia começar.

– Já acabou – respondi.

No papo informal, praticamente em três línguas diferentes, fiquei sabendo (mais ou menos) o que ela pensava de si mesma. Considerava-se um objeto sexual e não se incomodava com isso. Se para defender o mundo de uma catástrofe nuclear tivesse de dormir uma noite com Iéltsin ou com um aiatolá, entraríamos todos por um cano deslumbrante. Jamais repetiria aquela personagem de Guy de Maupassant, Bola de Sebo, que fez o sacrifício de sua carne para salvar a viagem de uma diligência.

Admirava gênios. Quando desejava elogiar alguém, dizia: "É um cérebro!". E seus olhos brilhavam. De tanto rebolar o corpo pelos palcos do mundo, cultivava furiosa admiração pelas pessoas que fazem sucesso em outros palcos sem necessidade de mexer as coxas e os quadris.

Infelizmente, não houve tempo para que ela pudesse apreciar o meu cérebro.

Tempo dos tópicos e das tainhas podres

Eu não sabia o que era um tópico. Volta e meia lia numa embalagem de remédio: "Para uso tópico". Tinha vaga noção do que era aquilo, geralmente se tratava de uma pomada para passar num lugar machucado. Como entender o que seria um tópico quando, no início da carreira de jornalista, ouvi um colega mais experimentado berrar para um guarda de trânsito:

– Vou fazer um tópico!

Era um profissional famoso, abria portas, fechava outras, temido pela virulência de seu estilo e pela complacência de suas ideias. Eu o admirava porque vivia uma fase em que admirava tudo, ou quase tudo, no mundo que eu renegara junto com o diabo e a carne e voltava a ele, mundo. (A carne e o diabo vieram de volta, também, mas de cambulhada.)

Mal saído do seminário, sabendo latim, recitando Ovídio – o poeta dos amores – para uma namorada que preferia J.G. de Araujo Jorge, que estava em moda, eu ficava pasmo com a truculência do colega mais velho, sua descomunal capacidade de atemorizar porteiros de cinema, caixas de banco, contínuos de repartições, enfim, qualquer cidadão que o atrapalhasse em sua jucunda fome de viver acima e além da lei geral e necessária. "Vou fazer um tópico!" O que seria isso?

O mais assombroso é que o pessoal ameaçado vergava a espinha, borrava-se diante da iminência do tópico, fosse o que fosse um tópico. Por ironia do destino e do ofício, pouco mais tarde, já em outro jornal, fui destacado para fazer tópicos, antes de passar aos editoriais, que ainda se chamavam "artigos de fundo".

Para quem não sabe, em gíria de redação, tópico é um artigo de fundo compacto, de cinco ou seis linhas, cinco ou seis deles enchiam a página de opinião dos jornais de antanho. Alguns desses jornais tinham a fama de derrubar ministérios inteiros com um simples tópico. Um tópico consagrava um gênio e condenava um celerado. Nada nem ninguém resistia a um tópico.

Um dos mais famosos, por sinal, foi escrito por um amigo querido, o Armando Miceli, que era lacerdista e detestava o Juscelino Kubitschek, então presidente da República. Acontece que um primo presidencial foi nomeado para um cargo importante, e Miceli escreveu esta obra-prima: "O presidente da República nomeou ontem um sr. Kubitschek para diretor da autarquia X. Este nome (Kubitschek) não nos é estranho".

O fato é que, calouro na carreira que abraçaria por acaso e sem vocação, eu ficava pasmo (como disse acima) com a demolição que um tópico podia causar na sociedade humana. Não compreendia bem como as coisas funcionavam. Jornais imponentes, vestais históricos, guardiões da nacionalidade e da moral pública, todos os dias publicavam tópicos contra o manobreiro da água que deixara a rua tal sem o chamado precioso líquido. Ou contra o açougueiro que vendera carne de segunda como de primeira. Os editoriais eram a mesma coisa, só que endereçados aos grandes deste mundo, ministros, congressistas, empresários. O baixo clero abastecia os tópicos.

Estreei no ofício de fazedor de tópicos de forma sensata – sensatez que não mantive nos anos seguintes. E sem interesse pessoal pelo caso. Um amigo do redator-chefe entrou pela redação com uma tainha embrulhada numa folha de jornal.

Fui chamado para ver aquilo que o jornal chamava de "escândalo do dia". O sujeito comprara a tainha no Mercado Municipal, que havia na praça Quinze, famoso por ser todo de ferro, ferro ilustre de fornos belgas, e por vender peixes frescos, siris, mexilhões, ostras, aquilo que os franceses poeticamente chamam de "frutos do mar".

Mas a tainha em causa e em cima da mesa do redator-chefe não estava fresca. Direi em abono da verdade: estava mais do que suspeita. Embora nunca tivesse visto uma tainha até então (o Zé Serra só viu vaca depois de adulto e ministro), eu não precisava entender do assunto para constatar o escândalo do dia. A tainha estava escrachadamente podre. Urgia um tópico escrachante.

Recusei aproximar o nariz da tainha – coisa que todo mundo fez – para que não houvesse dúvida sobre a malignidade do produto. Recebi a consagradora missão de demolir a desfaçatez criminosa do mercado que vendia tainhas podres.

Era mais ou menos como fazer um soneto. Em vez dos catorze versos, teria de desovar apenas seis linhas, contundentes, que fizessem tremer os vendedores de tainhas podres e, por tabela, todos os gananciosos que atentam contra a saúde pública.

Não guardei a preciosidade. Para ser franco, ninguém se entusiasmou com ela. Foi publicada porque, naquele dia, não houve escândalo maior ou equivalente ao da tainha podre. Meu tópico não fez tremer os alicerces do mercado, nem o do mercado genérico do comércio humano nem o do Mercado Municipal, que era todo de ferro fundido na Bélgica, um dos orgulhos do Rio daquela época.

Creio que, a partir daquele histórico dia, os tópicos começaram a ser menos eficientes. Tainhas podres continuam por aí, os tópicos da imprensa perderam o poder de fogo, foram substituídos pelas CPIs, que, embora temidas, são facilmente evitadas.

Aluno do curso de filosofia no Seminário São José do Rio Comprido (1944)

Aspirante a oficial (infantaria) no Centro de Preparação de Oficiais da Reserva do Rio de Janeiro (1948)

Aluno da Faculdade Nacional
de Filosofia (1949)

Com a família, férias em Paquetá. Na foto, o pai Ernesto Cony Filho, a mãe Julieta, o irmão médico José Heitor e uma de suas cunhadas.

Seminário São José, no Rio Comprido. A parte central, já demolida, pertencia ao mesmo seminário onde estudou Bentinho, personagem central de *Dom Casmurro*

Noite de lançamento de *O ato e o fato* na Cinelândia, em junho de 1964. Foi a primeira manifestação popular após o golpe militar daquele ano

Preso no camburão da Polícia do Exército, em novembro de 1965. No canto, o diretor teatral Flávio Rangel

Comício em Ipanema contra o Ato Institucional 2. Na foto, o futuro deputado Marcio Moreira Alves, os cineastas Alex Viany e Joaquim Pedro de Andrade, o compositor Sérgio Ricardo e o poeta Thiago de Mello

Com Nelson Rodrigues, após um almoço na casa do teatrólogo

Com Otto Maria Carpeaux, durante as gravações do documentário *O velho e o novo* (1966)

Entrevista com a Menininha do Gantois, patrocinada por Jorge Amado

Num 14 de março, aniversário de ambos, Glauber Rocha fala sobre seu projeto de filmar *O Guarani*

Com Juscelino Kubitschek e Adolpho Bloch na boate Regine's

Com minha mulher, Beatriz, num cruzeiro pelo Mediterrâneo em 1995

Com Pelé, discutindo um filme que o jogador estava realizando

Com Franco Zeffirelli, durante a montagem de A *Traviata* no Teatro Municipal do Rio, em 1979

Com Maitê Proença, durante as gravações da novela *Dona Beija*

Com dona Sarah Kubitschek autografando o segundo volume das memórias de JK (1977)

Agradecendo a Tancredo Neves pela colaboração nas pesquisas para escrever o ensaio biográfico *Quem matou Vargas*

Na redação de *Manchete*, com Adolpho Bloch e os futuros acadêmicos Arnaldo Niskier e Murilo Melo Filho

Em Varsóvia, após visita ao sindicato Solidariedade (1981)

Plantando sementes em Havana, em 1968

Com JK no casamento da filha, Regina Celi

Em casa, no dia da posse na Academia Brasileira de Letras (2000)

Momento de descontração durante entrevista com João Paulo II, a bordo do avião que trouxe o papa ao Brasil em 1980

COTIDIANO

Tranquilizantes

Amolações antigas e recentes, chateações incubadas, dores mais cruas e incuráveis, tudo isso sobe à tona sem pretexto nenhum, e vergo a cabeça e ando, só e maltrapilho, em busca de um nada que me redima ou simplesmente descanse. Gladiador cansado de perder – e nunca mortalmente –, a primeira ideia é sempre abandonar a arena, ou deixar que o próximo gládio fira mais fundo, irreparavelmente. Mas a cabeça súbito levanta e há que enfrentar o gládio, a vida e tudo o mais que a carne herdou e sofreu.

Bom, começa que não há comprimido para essas dores. Mas há os tranquilizantes, bolação imperialista para tranquilizar aqueles que são espoliados nas riquezas de seu subsolo. E a mão treme ao pensar no devastado subsolo de minhas paixões e medos. Mas necessito de receita. Não há de ser nada, tenho amigos médicos, até mesmo um irmão, é fácil arranjar a tapeação legal.

Fácil uma ova. O irmão está operando, os conhecidos estão viajando, os estranhos fazem perguntas profundas e penalizadas. O jeito é aproveitar a receita antiga de um amigo. O farmacêutico desconfia mas acaba vendendo.

Arrebento avidamente o pacotinho, em busca da bula. O tranquilizante é o grande macete dos inquietos do século XX, e tem gloriosa circulação entre as cultas gentes. Pois apanho a bula e leio, aterrado: "Em pequenas doses, o medicamento é eficaz na inquietude pré ou pós-operatória, a tensão pré-menstrual e o atraso menstrual, os distúrbios no comportamento da criança e as perturbações gastrintestinais, cardiovasculares, ginecológicas ou dermatológicas".

Volto num sobressalto à caixa, para conferir o nome do medicamento. Não, não houve engano, venderam-me o remédio certo, mas talvez o remédio certo não fosse o adequado.

Retorno à bula: "O remédio é indicado ainda no torcicolo, lumbago, síndrome radicular ou males oriundos de fibrosite e de contratura reumatismal ou artrítica".

Finalmente, um alvoroço. Lá está: "Em doses mais elevadas, o medicamento apresenta excelentes resultados na tetraplegia, atetose dupla congênita e doença de Little".

Taí. Devo ter essa tal doença de Little. Pelo nome, deve ser coisa pequena, mas é atrás das pequenas doenças que se escondem os grandes males. E o nome até que é eugênico e decente para designar essas dores imprecisas e imorais. Sim, estou com a doença de Little, e isso começa a me dar súbita ternura por mim mesmo, tinha uma doença importante e não sabida, vou comunicar aos parentes e agregados, estou com doença de Little, e todos falarão baixinho e pisarão na ponta dos pés em respeito à minha dor, que não é dor *little* nenhuma, é *big* dor no duro.

Ia jogar fora a bula mas vou até o fim, leio tudo. Posologia. Há vários modos de tomar a droga, e opto por conta própria e imediata pelas doses cavalares, "em casos de maior gravidade", é o meu caso, e separo três cápsulas para começar a cura e a bonança. Mas há, em letras destacadas, um aviso: "*Cuidado! O uso do medicamento assinalou discretos casos de exantema e aumento da libido*".

Não sei o que é exantema – nem o temo –, mas sei, como todo mundo sabe, o que é libido. Não tenho por que aumentá-la ou diminuí-la. Como está já me dá bastante trabalho e cansaço. E fico com as três cápsulas na mão, sem coragem de eliminar a angústia e aumentar a libido. A indecisão é breve. Jogo fora os comprimidos em plástico cor de laranja e enfrento – gladiador lívido que entra na arena –, horrivelmente lúcido, esta impublicável dor tão pública.

"Eu sou a Porta!"

Fui fazer exame de vista para revalidar a carteira de motorista, estacionei o carro na praça do Jóquei e ouvi uma voz gritando: "Eu sou a porta". Para falar a verdade, devia ser: "Eu sou a Porta!", com direito à exclamação e à maiúscula. Olhei para o dono da voz, um sujeito barbado, alto, vestido como um beduíno – ou, pelo menos, como ele achava que devia ser um beduíno.

Apesar da roupa, tinha o molejo do malandro carioca, coisa do largo dos Pilares, Inhaúma, quem sabe Cordovil ou Irajá. Olhava-me com fome, eu era o único transeunte do pedaço, e a mim ele se agarrava para comunicar a verdade que o entupia: ele era a porta.

De início, não dei muita bola, tinha o que fazer, provar às autoridades que ainda sou capaz de distinguir um sinal verde do sinal vermelho. Mas a insistência com que o beduíno de Cachambi – outra hipótese que me ocorreu – proclamava sua condição de porta era dramática e, devo confessar, inapelável. Parei para ouvir.

Ele se entusiasmou com o escasso ouvinte que arranjara e, depois de reafirmar que era "a Porta", comunicou que por ele passavam os eleitos do

Senhor. Era mais do que o caminho, a verdade e a vida – como reles imitadores se intitulavam por aí. Em sendo "Porta", ele separava a verdade do erro, o vício da virtude. Que eu me penitenciasse dos meus pecados e tivesse sabedoria para atravessar a porta que liga o nosso reino ao reino de Deus.

Meu problema, naquele momento, era saber se ainda poderia distinguir um sinal vermelho do verde e não o vício da virtude. Ele percebeu que ia perder o discípulo efêmero e lançou-me a maldição:

– Ai daqueles que ouvem e não sabem!

Achei a coisa meio enrolada; aliás, todas as religiões são um pouco enroladas. Fui tratar da minha vida, mas levei comigo a desconfiança de que, mais uma vez, perdera a oportunidade de merecer a salvação.

O Gomes do angu

Eu o conheci, logo nos inícios, quando lançou o seu angu, que era então anônimo e noturno. Ele farejou que, depois de certa hora, nada havia ali pela praça Quinze para dar de comer aos heróis que trabalham no Rio até tarde e vão para Niterói, cansados, amarelos, sem jantar.

Armou sua barraquinha, iluminou-a com um lampião de querosene e serviu um angu à baiana reforçado, coisa de sustância, num prato de ágata, pimenta à vontade.

Pegou. Vinha gente fartar-se de seu angu. Eu detesto comida baiana, odeio especificamente seu decantado angu, mas acompanhei meu pai muitas vezes, que era louco por extravagâncias fora de hora.

Saíamos do *Jornal do Brasil* já noite alta, tudo fechado, de longe víamos seu lampião enfumaçado e sentíamos o cheiro adocicado de sua pimenta.

Ao contrário do filho, meu pai era de relações fáceis, tornou-se amigo dele, muitos outros fizeram o mesmo, o angu virou programa e referência.

Virou grife, também. Uma noite, enquanto levava meu pai para casa, ele me contou que o Gomes não era Gomes nem baiano era, como se poderia supor. Era Vasconcelos e vagamente português, casara-se na Paraíba com uma Severina que lhe ensinara o macete do angu.

Foi desse Gomes (ou Vasconcelos) que ouvi, pela primeira vez, uma alusão à "modernidade". Ele já começara a enfrentar concorrência, gente sem imaginação copiava-lhe a barraca e o angu com aquilo que ele considerava a modernidade: o lampião não era de querosene, mas de carbureto, iluminava as especiarias servidas com uma luz azulada, asséptica, fria.

Ele permaneceu fiel ao lampião. A fumaça do querosene impregnava-se nos molhos, dando-lhes aquele algo mais que era sua marca, seu diferencial, sua glória. Preferiu perder o mercado, vendeu o nome, que hoje é explorado por uma multinacional especializada em sanduíches medíocres e refrigerantes enlatados. Deve ter morrido pobre. Apesar de tudo, seu nome ficou na cidade, imortalizado em barraquinhas sem gosto e sem cheiro.

Château d'Yquem 75

Descobriu que ia fazer cinquenta anos e estava sozinho no mundo. Para compensar, vivia bem, podia gastar um pouco consigo mesmo.

Decidiu celebrar o meio século de vida em Paris, com tudo a que julgava ter direito. Hospedou-se no Crillon. Na primeira manhã daquele início de primavera, foi pelas ruas. Dobrou a rue Royale, teve vontade de entrar na

Madeleine, mas preferiu descer os bulevares. Na esquina da Opéra encontrou a moça.

Ou melhor: a moça o encontrou. Nem se lembrava dela. Filha de um amigo que morrera em Argel. Ela não queria voltar para o Brasil, trabalhava e estudava, morava com uma amiga em Montparnasse, estava feliz.

E ele? Estaria feliz? A moça teve o azar de fazer a pergunta. Ele disse que sim, mas de forma tão triste que a moça entendeu. Para ser claro, ele acrescentou que estava fazendo cinquenta anos naquele dia. Como podia ser mais feliz? Ou mais infeliz?

A moça perguntou se estava sozinho. Respondeu que não: naquele momento estava com ela. A moça riu e se convidou para jantar, não tinha programa àquela noite, faria companhia ao amigo de seu pai, juntos celebrariam os cinquenta anos de um homem que se dizia feliz.

Ele então caprichou. Reservou mesa num cinco estrelas. Na hora do vinho, a moça declarou que gostava de *sauternes*. Um vinho doce tem vez quando se comemora alguma coisa. Pediu um Château d'Yquem 75 que estava na carta. Combinaria com o excelente patê da entrada. A cor de ouro do vinho era quase verde. A moça foi a primeira a provar, o brilho nos olhos dela foi instantâneo.

– Tenho vinte e dois anos.

– Sim. E daí?

– Este vinho é mais velho do que eu. – Logo se corrigiu: – É mais antigo do que eu.

Ele riu, percebendo a delicadeza.

Corvo di Salaparuta

No princípio, julgava entender de vinhos. Alguns anos no exterior e aprendera o básico. Não tendo pela frente um entendido, ele até que fazia boa figura. Quando não sabia, inventava. Fazia sucesso proporcional à ignorância do parceiro, principalmente da parceira.

Até que fez aquela estranhíssima viagem pela Úmbria, a taberna em Perúgia onde a moça, que gostava mais de cerveja, apanhou por distração a carta de vinhos e começou a ler o nome da extensa produção vinícola italiana, nomes complicados, alguns complicadíssimos.

Ele estava disposto a pedir um *chianti* honesto, feito ali perto, na Toscana, velha rival da Úmbria, até hoje brigam para saber se Rafael deve pertencer à escola de Perúgia ou de Florença.

De repente, a moça deu uma gargalhada:

– Olhe, tem aqui um vinho que se chama Corvo di Salaparuta. Este eu topo.

Ele se lembrou de um filme de Billy Wilder em que os amantes encaram esse vinho ao som de uma canção dos anos 30: "Un'ora solo ti vorrei".

Comanda o vinho (na Itália, não se deve pedir, mas comandar – ninguém fica ofendido). Para honrar o vinho, ele manda descer um cardápio extenso e variado, um daqueles pratos deverá combinar com o vinho. E se não combinar, tudo bem, ela nem iria perceber.

Beberam em silêncio, com vontade de rir não do vinho mas do nome. Ela gostou tanto que pediu mais uma garrafa. Haviam planejado dar um pulo em Gubbio, ver o belo Palazzo dei Consoli, de 1350.

Trôpega, os olhos brilhando como nunca, ela levantou da mesa e declarou que o palácio dos cônsules podia esperar outros 1350 anos. Quem não podia esperar era ela.

Felizmente, ele se prevenira com a solércia dos interessados: bebera pouco, só o suficiente para entrar no clima. Grande vinho, grandíssimo vinho!

O homem que não gostava de mim

Durante a Copa do Mundo, em Paris, todas as manhãs, ia tomar café num bistrô que fica ao lado da Madeleine. Não era perto do hotel onde estava, em Montparnasse, mas me habituara a ele em temporadas antigas, ao tempo em que me hospedava num daqueles hotéis ao lado do Bedford, ou no próprio Bedford, onde morreu dom Pedro II e onde viveu durante algum tempo o maestro Heitor Villa-Lobos.

Nada me atraía naquele bistrô, cujo nome nunca tive interesse em guardar. Nem mesmo o seu café, servido no balcão, que era o expresso comum sem nada de especial, bem inferior aos expressos italianos.

O que me seduzia no bistrô era o dono, que ficava atrás do balcão, com um colete grená e uma gravata-borboleta da mesma cor. Era parecidíssimo com um amigo meu já falecido, o Moisés Weltman, que lançou a revista *Amiga*, foi braço direito nos inícios da carreira do Silvio Santos, um homem fabuloso, criador, nos tempos heroicos do rádio, de um seriado de sucesso, *Jerônimo, herói do sertão*. Eu gostava dele, aprendi alguns macetes com sua extraordinária facilidade de separar o que se deve escrever e o que se deve deixar subentendido. Não seria exagero considerá-lo um mestre, além de excelente colega.

O dono do tal bistrô era tão parecido com o Moisés que eu ficava enfeitiçado, pasmo. Passava um tempão mexendo a colher no café e olhando para a cara dele. Com os mesmos óculos e o mesmo jeito de olhar do Moisés, ficava chateado, mas se reprimia. Por isso ou por aquilo, eu percebia que ele não gostava de mim.

Pagava o café antecipadamente, nunca botava a quantia exata no balcão, só para forçá-lo a trabalhar um pouco mais. Ele encarava com má vontade a moedinha de dez francos, levava um século para me dar o troco, fingia que se esquecia de mim, para ver se eu me esquecia dele e dos trocados a que tinha direito.

Certa manhã, peguei o metrô, linha 12, fui tomar o café e o sujeito não estava lá. Juro que me senti roubado. Já me habituara a seus modos bruscos, sua má vontade em me servir, sua relutância em pingar no pires os míseros vinténs do meu troco. No lugar dele estava uma mulher, que devia ser a própria, ou seja, a esposa. Serviu-me com sorrisos, eu nem acabara de derreter aquele cubinho de açúcar no meu café quando ela me trouxe o troco. Nem parecia que eu havia pagado um mísero expresso, mas saldado uma nota promissória da compra de todos os cafés de Paris.

Bem, o tempo passou, a Copa do Mundo foi perdida. No dia da final, pela manhã, encontrei-o um pouco excitado. Percebendo que eu não era francês, com a pinta escrachante de sul-americano subdesenvolvido, ele devia imaginar que estaria torcendo pelo Brasil, e aí foi que exagerou na má vontade em me servir o tal café.

Que por sinal estava com um gosto detestável. Acho que nem no palácio dos Bórgia serviam bebida tão amarga e envenenada. Bem verdade que nunca provei nada dos Bórgia, mas sempre ouvi dizer que eles serviam licores, vinhos e cafés devidamente incrementados para se verem livres dos desafetos, inclusive os de circunstância, que era mais ou menos o meu caso diante do sósia do Moisés Weltman.

Voltei agora a Paris e na primeira manhã fui tomar o café no bistrô do homem que não gostava de mim. Por Júpiter! Lá estava ele, um ano depois, atrás do mesmo balcão, só que pintara o cabelo e os bigodes. Estava todo cor de cobre, um acaju meio claro que o tornava mais ridículo, embora mais moço. Na realidade, estava meio grená, como o colete e a gravata-borboleta, que continuavam os mesmos.

Fiquei tão indignado (ele passou a se parecer menos com o Moisés Weltman) que o olhei com raiva, coisa que nunca fizera antes. Talvez por isso, percebendo que eu o odiava, ele foi gentil, serviu-me com ostensiva polidez, aquela polidez quase ofensiva dos franceses. E, parecendo que me temia, trouxe-me o troco na mesma hora, agradecendo a honra de eu estar ali, tomando o seu café.

A vingança – costumam dizer por aí – é um prato que se deve comer frio. Apesar de me lembrar disso, preferi tomar minha vingança quente mesmo. Deixei metade do café na xícara e saí furioso para a rua, deixando no ar aquela palavra de duas sílabas que os franceses tanto usam quando estão aborrecidos – o que é bastante frequente.

O cara me olhou perplexo, boquiaberto, os olhos redondos atrás das lentes, sem nada compreender. Da rua, ainda fiz um gesto de quem nunca mais iria por os pés naquele bistrô miserável.

O homem que não gostava de mim lá ficou, olhando-me como um coelhinho agredido estupidamente por um desconhecido. E o pior não foi o que aconteceu com ele. Foi o que aconteceu comigo.

Mágica besta

O mundo era meio esquisito: não se podia chupar manga após ter bebido leite. Tomar chocolate quente era um ritual, precisava-se beber três goles d'água, antes ou após. Quando a tarde morria e as luzes se acendiam, todos se cumprimentavam com um boa-noite, e aí tomava-se a bênção aos pais e os pais abençoavam os filhos.

O vento encanado era o hálito do Demônio. Dizia-se que Napoleão nunca temera inimigo algum, mas borrava-se de medo quando recebia um vento encanado.

No fundo, tudo isso era um pouco mágico. Durante um simples dia acontecia uma porção de coisas inexplicáveis. Por volta do meio-dia, em nossa rua sempre vinha uma leprosa pedir esmola, diziam que ela não existia, era uma miragem que tentava a caridade de todos. Todos a temiam e pingavam em sua sacola o tostão que exorcizava a sua doença e aliviava a sua pobreza.

De vez em quando, nos céus do Rio passava o zepelim, boiando no espaço como um peixe prateado e majestoso. E houve o dia em que anunciaram o fim do mundo, os adultos não acreditavam, mas as crianças, como o Napoleão acima citado, borravam-se de medo.

Nem sei se era melhor ou pior do que agora. Mistérios sempre houve: até hoje ninguém sabe onde enterraram os ossos de Dana de Tefé. Tampouco o que o FMI vai mandar o Brasil fazer no segundo semestre. São mistérios, mas nada têm de mágicos – embora tenhamos mágicos demais dando sopa por aí.

Fico triste quando tomo chocolate e desprezo os três goles de água a que minha mãe me obrigava. Misturo manga com qualquer coisa e não temo o vento encanado – posso me considerar mais valente do que Napoleão. Aliás, só quem teme vento encanado é quem ganha até dois salários-mínimos – o que é outro mistério do mundo.

As luzes se acendem todas as tardes e não tenho a quem abençoar. Nem tenho a quem pedir bênção. Desconfio que melhorei de vida mas me tornei pior. Mágica besta, afinal.

Pranto para o homem que não sabia chorar

Havia quitandas naquele tempo. Vendiam verduras, legumes, ovos, algumas chegavam a vender galinhas em pé, quer dizer, vivas, mas eram poucas, pois todas as casas tinham quintal, e todos os quintais tinham galinhas. Ia esquecendo: as quitandas mais sortidas tinham à porta, bem visíveis aos passantes, um feixe de varas de marmelo.

Para que serviam? Fica difícil explicar, mas serviam para os pais comprarem uma delas e a guardarem em casa, num lugar à mão e bem visível aos filhos. Quem nunca tomou uma surra de vara de marmelo não pode saber o que é a vida, de que ela é feita, de suas ciladas e enigmas. Há aquela frase: "Quem nunca passou pela rua tal às cinco da tarde não sabe o que é a vida". A frase não é bem essa, mas o sentido é esse.

Uma surra de vara de marmelo era o recurso mais eficaz para colocar a prole em bom estado de moralidade e bom comportamento. Acima dela, só havia o recurso capital de ameaçar o filho com um colégio interno da época: Caraça! Ir para o Caraça, a possibilidade de ir para o Caraça era uma pena de morte, uma condenação ao inferno, um atestado de que o guri não tinha jeito nem futuro.

Houve a tarde em que o irmão mais velho fez uma lambança com umas tintas que o pai comprara para pintar a casa de Segredo, o cachorro que era solto à noite para evitar que os amigos do alheio pulassem para o quintal e roubassem as galinhas – repito, todas as casas tinham galinhas.

E "amigos do alheio" era uma expressão, uma metáfora civilizada que os jornais usavam para se referirem aos ladrões de qualquer coisa, inclusive de galinhas.

Pois o irmão foi surrado com vara de marmelo e chorou. O pai então proferiu a sentença que ele jamais esqueceria: "Homem não chora!".

Em surras seguintes e sucessivas, com a mesma vara de marmelo (ela nunca se quebrava, por mais violenta que tivesse sido a surra anterior), o irmão tinha o direito de gritar, de urrar, de grunhir como um leitão na hora em que entra na faca, mas não de chorar.

Por isso, mesmo sem nunca ter tomado uma surra daquelas, ele sabia que um homem não pode chorar, nem mesmo quando açoitado por vara de marmelo. O vizinho do Lins, que tinha um filho considerado perdido, percebendo que a vara de marmelo era ineficaz como um remédio com data de validade vencida, adotou uma tira de borracha que servira de pneu a um velocípede desativado. Tal como a vara de marmelo, era maleável mas inquebrantável, deixava lanhos nas pernas do filho – que mais tarde chegaria a ser capitão de mar e guerra, medalhado não em guerra nem em mar, mas por tempo de serviço.

Homem não chora, e por isso ele decidiu que seria um homem e jamais choraria. O irmão, sim, era um bezerro desmamado, chorava à toa, nem precisava de vara de marmelo. Chorou no dia em que Segredo morreu envenenado – um amigo do alheio, antes de pular no quintal, jogou-lhe um pedaço de carne com arsênico.

Chorou mais tarde, quase homem feito. Esquecido de que o homem não chora, ele chorou quando o Brasil perdeu para o Uruguai no final da Copa do Mundo de 1950. Não era homem. Atrás do gol, viu quando Ghighia chutou e o estádio emudeceu e logo depois chorava, seguramente o maior pranto coletivo da história da humanidade, duzentas mil pessoas que não eram homens, chorando sem vergonha de não serem homens.

Ele não podia ou não sabia chorar? Essa era a questão. Volta e meia forçava a barra, lembrava as coisas tristes que lhe tinham acontecido, o dia em que o pai o colocara de castigo, atribuindo-lhe a quebra de uma moringa. A perda da medalhinha de Nossa Senhora de Lourdes que a madrinha lhe dera, uma medalhinha de ouro que, segundo a madrinha, o livraria de todo o mal, amém. Não chorou nem mesmo quando, naquela primeira noite após a morte de sua mãe, ele se sentiu sozinho na vida e perdido no mundo.

Daí lhe veio a certeza. Poder chorar até que podia. O diabo é que ele não sabia mesmo chorar. Chorar é como o samba que não se aprende na escola: ou se nasce sabendo, ou nunca se sabe. Bem verdade que ele desconfiou de que os outros chorassem errado, misturando motivos. Por exemplo: o irmão, que era um Ph.D. na matéria, quando chorava fazia um embrulho de coisas e desditas, um *mix* de quebrações de cara, e obtinha um pranto copioso, sincero, lágrima puxando lágrima, soluço puxando soluço.

Quando perdeu uma bolada num cassino de Montevidéu, foi para o quarto do hotel, bebeu meia garrafa de uísque e, tarde da noite, telefonou dizendo que, passados quarenta e tantos anos, ainda estava chorando pela morte de Segredo.

Tivera ele essa virtude, aquilo que os ascetas chamam de "dom das lágrimas"! José, vendido por seus irmãos ao faraó do Egito, tornou-se poderoso e um dia recebeu os irmãos que o procuraram para matar a fome. Os irmãos não o reconheceram. José perguntou-lhes sobre o pai e retirou-se a um canto para chorar. Depois, sim, deu-se a conhecer e matou a fome dos irmãos que o tinham vendido.

Jesus chorou quando soube da morte de Lázaro e o ressuscitou. A lágrima é um dom, e ele não mereceu esse dom nem mesmo quando Débora foi embora de seus sonhos e, como nos tangos, nunca mais voltou.

Da arte de falar mal

Durante anos, mantive no *Correio da Manhã*, num canto da capa do segundo caderno, um espaço assim intitulado: "Da arte de falar mal". Até hoje me perguntam a razão de uma rubrica que, entre outras coisas, me levou para a prisão seis vezes por delito de opinião. Num dos interrogatórios a que fui submetido, o coronel que presidia o IPM (Inquérito Policial Militar) quis saber por que eu falava tão mal do regime militar que então se instalava. Eu respondi que não podia mudar o título da minha coluna falando bem de qualquer coisa.

Mas a ideia do título não foi minha. Devo-a a Maura Lopes Cançado, colega no suplemento dominical do *Jornal do Brasil*, um caderno dedicado às artes, que, depois de algum tempo, já em sua fase terminal, saía pontualmente aos sábados. Ela escrevia contos maravilhosos, chamou a atenção das editoras, teve dois livros publicados, que receberam crítica consagradora. *Hospício é Deus* foi colocado à altura de Clarice Lispector, que aliás a admirava. Escreveu também *O sofredor do ver* – um dos melhores que já li em minha vida.

Maura namorava Luiz Reis, o Cabeleira, parceiro de Haroldo Barbosa em "Cara de palhaço" e "Momentos são", dois sucessos absolutos daquela época, gravados por Elizeth Cardoso. Um dia, quis sair comigo. Eu tinha um Hudson conversível, ela me perguntou se eu era rico, se eu podia comprar um navio. Respondi que sim – e ela colocou essa cena em seu romance, com meu nome e tudo.

Mas foi nessa mesma tarde que ela me fez parar na Urca, diante da baía que entardecia, e me explicou: "Chamei você para falarmos mal de todo mundo. Falar mal é uma arte".

Nem me lembro mais de quem falamos mal. Creio que não tenha escapado ninguém, a começar pelo pessoal do *JB*: Décio Pignatari, Reynaldo Jardim, Ferreira Gullar, Oliveira Bastos, Walmir Ayala, Mário Pedrosa, Carlinhos de Oliveira, os irmãos Campos, José Lino Grünewald, Assis Brasil, José Louzeiro, não abrimos exceção nem para o doce Mário Faustino, que havia morrido dias antes. Todos os nossos amigos, amigos queridos por sinal.

Mais ou menos na mesma época, recebi recado de um vizinho do Posto 6 que estava gripado, ardendo em febre, mas queria me ver. Ele não tinha carro, e eu guardava o meu na vaga de sua garagem; nunca me cobrou aluguel nem carona, pois adorava andar de ônibus.

Fui. Encontrei-o na cama, lendo um troço complicado que depois vim a saber que era a gramática de um dialeto do Vietnã. Embaixador aposentado, escritor de sucesso, ele gostava de aprender coisas inúteis e com elas escrevia obras-primas.

– Estou aqui – disse. – Algum recado?

– Não. Há dias que não falo mal de ninguém. Chamei-o para isso.

Três horas depois, já sem febre, ele me levou até a porta de seu apartamento. Com os olhos de gato acesos, olhou-me severamente e, com o orgulho que lhe era próprio (referia-se a si mesmo sempre na terceira pessoa), admitiu:

– Puxa! Como falamos mal de todo mundo!

Morreria em breve, poucas horas depois de um discurso que levou mais de três anos para ter coragem de fazer e no qual só falou bem dos outros. Acho que o sacrifício lhe custou a vida.

Foi ele que me ensinou a regra fundamental da arte de falar mal: "Só fale mal dos ausentes, nunca dos presentes". Pode parecer uma obviedade. Mas o meu amigo e vizinho era também acusado de obviedades geniais em sua obra literária. Uma de suas frases mais famosas ainda é citada: "Viver é muito perigoso".

Pulando no tempo que pulou sobre todos. Morreu o jornal em que trabalhava, morreu a Maura, morreu o meu amigo ex-embaixador, morreu até o doce Mário Faustino num desastre de avião. Ninguém é imortal, com exceção de uma amiga famosa, romancista histórica, que me quis tornar imortal como ela.

Hoje, não mais se fazem aquelas constrangedoras visitas aos imortais, antes que eles morram. Pelo contrário, a afobação de um candidato à imortalidade é letal. Adoentada, sem poder sair de casa, ela me pediu, pela sobrinha e secretária, que fosse à sua casa buscar o seu voto. É evidente que fui, pois muito queria vê-la.

Ela me recebeu nordestinamente afável. Sentada em sua cadeira de palhinha, com ares de senhora de engenho, esticou-me o envelope branco:

– Toma. Aqui estão os meus votos. Agora não falemos mais em literatura. Vamos falar mal de todo mundo!

Também saí tarde de sua casa. Não deixamos pedra sobre pedra e, seguindo o conselho do ex-embaixador, só falamos mal dos ausentes, que era o restante da humanidade, pois em sua sala só havia a visitada e o visitante.

Por essas e outras, sempre admirei o Antônio Callado, que definia os personagens do nosso tempo em duas categorias: os que tinham boa presença e os que tinham péssima ausência. Boa presença era quando todos falavam bem de um sujeito presente. Péssima ausência era quando, ausente, o sujeito monopolizava a conversa, cada qual juntando um graveto para queimá-lo na alegre pira da maledicência.

E, com aquele jeito de único inglês da vida real, Callado completava a sua frase: "O mais gostoso de tudo isso é que o bom presente e o mau ausente são sempre a mesma pessoa".

Emocionante história do duelo que não houve

Acredito que não aconteça só comigo: volta e meia, penso se não teria sido melhor para mim e para os outros ter vivido em épocas mais românticas, sem poluição, sem excesso de informações inúteis, sem pressa e sem o *rock*.

Relendo Stendhal, Tolstói, Flaubert e outros autores do século passado, surpreendo-me culpado de estar vivendo num tempo que, entre outras coisas, não me dá tempo para ter tempo. Gostaria de poder dispor de mim mesmo, mais ou menos da forma que os personagens de *O vermelho e o negro* e de *A educação sentimental*.

Ver o dia nascer num campo, assistir ao lento amadurecer das cerejas, passear com a mulher amada ao longo dos trigais, aguardar os seus bilhetes de amor, trazidos por moços de esquina – enfim, a vida de outras épocas não me desagradaria de todo, desde que permanecesse na minha situação de pequeno-burguês arraigado nas comodidades modernas, como a eletricidade, o automóvel e os CDs da Deutsche Grammophon.

Evidente que não gostaria de ser um daqueles mineiros descritos por Zola em *Germinal*, nem um soldado atolado na neve, como em *Guerra e paz*, de Tolstói.

Teria meus macetes para evitar tais provações. Contudo, e admitindo a hipótese de me manter, em séculos passados, na situação em que atualmente vivo, uma coisa é certa: evitaria a necessidade de duelar com um inimigo de sangue ou de circunstância.

Essa mania de épocas mais honradas em absoluto não me atrai. Está o sujeito sossegado em seu canto, entra numa taberna para tomar um copo de vinho e um sujeito qualquer o encara de forma insolente.

Pronto: taí um pretexto para o duelo. Trocam-se cartões de visitas, arranjam-se testemunhas e, ao amanhecer, na clareira de um bosque, um deles tomba mortalmente.

Duelava-se por tudo e por nada, pela honra da família, da religião, dos negócios, e, sobretudo, da mulher amada. Em Flaubert, um dos personagens bate-se porque um desconhecido, num salão, ousou suspeitar de uma mulher que nem era a dele.

Felizmente, essa prática, como o comunismo em versão soviética, entrou para o lixo da história. Fico imaginando se, nos trancos da vida que levei, já não teria morrido há muito num desses entreveros inúteis.

Talvez tivesse matado ou ferido algum adversário, mas fatalmente chegaria minha vez e eu morreria, com a mão apertando o peito ensanguentado, perdoando o meu rival (como manda a boa regra dos duelos) e, ao mesmo tempo, pronunciando o nome da Amada. Muito romântico, mas não para mim. Prefiro continuar vivo, embora menos glorioso.

O diabo é que, apesar de nascido neste século, já fui desafiado a um duelo. Pode parecer cascata, mas quem se der ao trabalho de percorrer a *Folha* aí pelos idos de 1963 ou 1964 verá que não minto.

Deu-se que publiquei uma crônica sobre a dificuldade de se arranjar visto para a Argentina, que era obrigatório em tempos pré-Mercosul. Ia passar férias com minha filha em Bariloche e o consulado, no Rio, criou algumas dificuldades, ou melhor, o cônsul passara a manhã ao telefone e deixara a fila de interessados encher-se de espera e cólera.

Feita e publicada a crônica, dias depois recebi, na redação do jornal em que trabalhava (*Correio da Manhã*), a visita de dois estranhos estranhamente vestidos: de terno, gravata, chapéu e sapatos pretos, dois urubus trajados para uma cerimônia fúnebre.

Deram-me, em silêncio, seus cartões de visita e ficaram à espera do meu. Nunca tive esse vício, e expliquei aos desconhecidos que não iria mandar fazer cartões somente para ser agradável a eles. E que fôssemos diretamente ao assunto.

Pois o assunto era o seguinte: o cônsul desafiava-me a um duelo "ao primeiro sangue" (eu não sabia o que era isso, e os desconhecidos consideraram uma afronta fornecer qualquer explicação).

Exigiam-me duas testemunhas, avisando-me que, no caso de não fazê-lo, além de me bater com o cônsul em condições, hora, local e data que eu marcaria, teria de me bater com os dois, individualmente, uma vez que também os ultrajara. Enfim, para evitar complicação maior, eu disse que sim, aceitava o desafio, meus padrinhos seriam o poeta Décio Pignatari e o meu colega Hermano Alves, mais tarde deputado.

Quanto às condições, eu as daria de público, já que a ofensa fora feita em público. Os caras se deram por satisfeitos. De minha parte, mandei as minhas condições: um duelo de cuspe a distância, aceitando a fita métrica que o cônsul julgasse a mais honesta.

Bem, não sei no que deu essa proposta. Parece que o cônsul me julgou de tal forma despudorado, sem honra alguma, que decidiu não mais se sentir ofendido. E eu fiquei sem ter experimentado essa emoção suplementar que, a bem da verdade, nunca me fez falta.

Carnaval com muito espelho e pouca vergonha

Remando sempre contra a maré – e sobretudo contra o calendário –, quando o Carnaval se aproxima, entro em pânico individual. Tinha pavor das caveiras – e como havia caveira naquele tempo! Fantasia barata, constava de um lençol e da máscara que se comprava nas quitandas. Mais barata até do que a do morcego – uniforme para os meninos pobres que não podiam sair de mocinho ou legionário estrangeiro.

Bem verdade que também me botaram essas fantasias, e em todas me senti desconfortável. Talvez me sentisse melhor de caveira mesmo, mas tinha medo de esbarrar num espelho. Para evitar outras fantasias, aos dez anos me enfiei numa batina e durante anos fiquei livre do problema.

Mas não fiquei livre dos espelhos. Quando saí do seminário, levava na carne a vontade de desforrar o tempo perdido. Já era adulto, e ninguém me obrigaria a ser chinês ou legionário estrangeiro, muito menos marinheiro americano, fantasia que estava na moda, na base do "*anchors away*".

Daí que me esqueci dos espelhos. No primeiro Carnaval, fui com a roupa que usava todos os dias. Depois da batina, qualquer outra roupa já era uma fantasia. Arranjei uma namorada, na realidade arranjei duas. A primeira era colega da faculdade, filha de um engenheiro, o Carnaval dela era meio sem graça, num clube honesto da Tijuca.

A segunda era uma moça liberada para aquele tempo: morava com uma amiga em Copacabana, trabalhava numa loja de discos no largo da Carioca. Conheci-a quando fui comprar uns prelúdios de Debussy (gravação de Robert Casadesus ao piano). Ela não sabia quem era Debussy, o gerente quase a demitiu, eu amenizei a procura e saí da loja levando meus primeiros discos de Gregorio Barrios, uns cinco de uma vez, fartei-me de ouvir "Una mujer" – e foi ao som dessa música que começamos a relação.

Bem, veio o Carnaval e recebi convites para os bailes do High Life, que eram o vestibular do inferno, o triunfo da bandalheira, diziam que ali valia tudo, e às vezes valia mesmo. Adoeci para não ter de ir ao baile comportado do Tijuca, vigiado pela família e pelos fiscais de salão. No High Life não havia nem famílias nem fiscais. Mas havia espelhos.

Não se podia dançar nem pular. A folia resumia-se num cordão único que dava voltas pelos salões. Era monótono, mas dava para aquilo que então se dizia "poucas-vergonhas". Agarrado na minha namorada – que veio com fantasia adrede, de grega falsificada, as coxas nuas, os seios mal tapados pela túnica –, entrei no cordão ao som do sucesso do ano, "o general da banda que chegou / catuca por baixo que ele cai". A letra me parecia incompreensível, mas o ritmo era sensual, diabólico, mais tarde me informaram que servia de ponto nas macumbas.

Meia hora depois, eu estava calibrado, espremido pelos outros e espremendo minha grega que se deixava espremer, e se não deixasse dava no mesmo, era o famoso, o condenável, o obsceno vale-tudo do High Life.

O cordão quase não andava, todos se mexiam mais para os lados, em torno das parceiras. De maneira que eu estava gostando, gostando até demais, quando reparei num sujeito mal-encarado que me observava.

Estava à minha frente, ainda distante, volta e meia desaparecia no meio dos outros, mas sempre que aparecia me olhava fundamente, com reprovação e nojo.

Meia hora depois, eu continuava mais ou menos no mesmo lugar, com a grega untada de suor e eu cismado com aquele cara que não tirava os olhos de mim. O salão não era muito iluminado, comecei a desconfiar que conhecia aquele camarada que sumia no meio de outros foliões e quando reapa recia continuava a me olhar com severidade, me condenando.

Forcei a barra e tentei me aproximar dele. Estava ainda longe, e, curiosamente, notei que ele também procurava se aproximar. Aos poucos, fui reparando quão sórdida era a sua face, seus olhos imundos, o suor repugnante que escorria de sua testa hedionda. Em todo caso – e só percebi isso quando estava bem mais próximo –, ele soubera se arranjar, à frente dele havia uma grega quase nua que se esfregava nele com fúria, uma grega igual à minha.

Olhei bem. Aquela cara idiota também me olhava. Olhava-me e me desafiava. Era para tomar satisfações. Avancei com resolução e fiquei diante de um espelho que ia do chão ao teto: eu estava diante de mim mesmo como nunca estivera antes e nunca estaria depois.

Meu Carnaval acabou ali. Não apenas o meu Carnaval, mas toda a alegria folgazã que nunca mais repeti. Tornei-me um homem de poucos risos. Volta e meia, o Marcelo Coelho reclama que sou rabugento. Sou mesmo, e tenho motivos para o ser (ou sê-lo – o leitor escolha a forma que lhe convier).

Isso não quer dizer que resultei num homem sério, digno de confiança dos pais de família – isso existia naquele tempo. Substituí a grega por uma mineira, a mineira por uma paulista, a paulista por uma carioca – enfim, continuei no cordão, mas evitando os espelhos, como naqueles versos de Orestes Barbosa: "para não ver nos espelhos/ meus olhos muito vermelhos/ de tanto, tanto chorar".

O suor e a lágrima

Fazia calor no Rio, quarenta graus e qualquer coisa, quase quarenta e um. No dia seguinte, os jornais diriam que fora o dia mais quente deste verão que inaugura o século e o milênio. Cheguei ao Santos Dumont, o voo estava atrasado, decidi engraxar os sapatos. Pelo menos aqui no Rio são raros esses engraxates, só existem nos aeroportos e em poucos lugares avulsos.

Sentei-me naquela espécie de cadeira canônica, de coro de abadia pobre, que também pode parecer o trono de um rei desolado de um reino desolante.

O engraxate era gordo e estava com calor – o que me pareceu óbvio. Elogiou meus sapatos, cromo italiano, fabricante ilustre, os Rossetti. Uso-o pouco, em parte para poupá-lo, em parte porque quando posso estou sempre de tênis.

Ofereceu-me o jornal que eu já havia lido e começou seu ofício. Meio careca, o suor encharcou-lhe a testa e a calva. Pegou aquele paninho que dá brilho final nos sapatos e com ele enxugou o próprio suor, que era abundante.

Com o mesmo pano, executou com maestria aqueles movimentos rápidos em torno da biqueira, mas a todo instante o usava para enxugar-se – caso contrário, o suor inundaria o meu cromo italiano.

E foi assim que a testa e a calva do valente filho do povo ficaram manchados de graxa e o meu sapato adquiriu um brilho de espelho à custa do suor alheio. Nunca tive sapatos tão brilhantes, tão dignamente suados.

Na hora de pagar, alegando não ter nota menor, deixei-lhe um troco generoso. Ele me olhou espantado, retribuiu a gorjeta me desejando em dobro tudo o que eu viesse a precisar no resto dos meus dias.

Saí daquela cadeira com um baita sentimento de culpa. Que diabo, meus sapatos não estavam tão sujos assim, por míseros tostões fizera um filho do povo suar para ganhar seu pão. Olhei meus sapatos e tive vergonha daquele brilho humano, salgado como lágrima.

O bom momento

Rotina profissional, o fotógrafo explicou que precisava captar a minha personalidade, encomenda de uma editora que publicaria alguns textos de minha combalida lavra.

Começa que não gostei de ser captado, odeio esse verbo e a ação de captar os outros – e, muito mais, de ser captado. Mas, vamos lá, sou também um profissional, cheguei mesmo a praticar o ofício de fotógrafo quando viajava ao exterior, e a revista para a qual trabalhava me encarregava de fazer texto e fotos.

O rapaz estava bem equipado, máquina digital, examinou a luz ambiente de minha sala e não a aprovou. Depois cismou com a minha camisa, perguntou se eu não tinha outra para a ocasião de ser captado. Não, não tinha. Mas tinha um paletó que não combinava nem com a camisa nem com a minha cara. Pois usei o paletó, que caiu nas boas graças do fotógrafo, classificou-o de "maravilhoso".

A foto, reforçada com a maravilha do paletó que eu aposentara há muito, seria também maravilhosa, desde que eu colaborasse na gloriosa ação de ser captado. Aí ele pediu que eu desamarrasse a cara, olhasse para a câmara sorrindo. Não tinha nenhum motivo ou vontade para desamarrar a cara e muito menos para sorrir. Sorrir de quê? De estar sendo captado? E a cara amarrada, por que desamarrá-la? Vivo e sobrevivo bem com ela, seria uma traição para comigo mesmo e para com os outros aparecer com outra cara.

Para aliviar a tensão, o fotógrafo aceitou minha cara amarrada, mas pediu que eu fizesse alguma coisa, lesse um livro, me concentrasse diante do computador, qualquer coisa que me tirasse do sério, do boneco três por quatro que os fotógrafos detestam.

Aí eu engrossei. Disse que preferia a foto padrão, de frente e de perfil, dessas que os criminosos tiram quando são fichados na polícia. O rapaz não entendeu, mas fez o que eu pedia. Sem saber, ele conseguiu me captar num momento muito meu.

O adultério e o perdão

"O Pires adultera o leite." A reclamação corria em toda a rua Cabuçu, no Lins de Vasconcelos. Era um português, o Pires, dono da mercearia Mundos Irmãos, que vendia coisas, inclusive leite. Diziam que ele misturava leite com urina – se botasse água podia ser preso. Botando urina, o produto passava incólume pela fiscalização. Um outro português, não sei o quê Pereira, botava água e fora preso pela Sunab da época. Urina combinava com o leite, não aparecia nos exames de laboratório.

Se o Pires adulterava o leite, era um adúltero. Quando entrei no seminário e fiquei sabendo que Cristo perdoara uma adúltera, imaginei que misturar leite com urina era coisa antiga, bíblica. E, como outros pecados, merecia perdão.

Quando me convidaram para participar do júri de Capitu, promovido pela *Folha*, pensei no Pires, no seu leite e na sua urina. Afinal, discutia-se se Capitu era ou não adúltera. Dificilmente me compreenderiam se falasse no Pires. Como testemunha de acusação, teria de ser objetivo – embora o assunto nada tivesse de objetivo.

Como julgamento literário, evidente que Capitu foi uma adúltera. Não fora e seria uma abstração romântica, mais para José de Alencar do que para Machado de Assis. Aliás, fiz questão de citar Dalton Trevisan: "Se Capitu não traiu Bentinho, então Machado de Assis é José de Alencar". Mesmo assim, reduzir o *Dom Casmurro* ao episódio de um adultério que talvez não tenha havido é diminuir o valor do romance e do seu autor.

Mas o julgamento era jurídico, lá estava uma promotora na defesa e um criminalista na acusação. Acima de todos nós, Sepúlveda Pertence, ministro do Supremo.

Nunca houve testemunha mais desclassificada. Não presenciei os acontecimentos narrados, não tinha qualquer prova, os indícios – que eram muitos – foram produzidos pelo próprio marido, logo, eram suspeitos. Mas há o cheiro – e o cheiro do adultério tresanda por todos os autos.

Muito importante o cheiro das coisas. Dou exemplos. Estava em Nice com Adolpho Bloch e ele quis ir ao cassino, adorava jogar. Atravessávamos a rua quando passou um ônibus e Adolpho me empurrou para dentro: "Vamos nesse!". Perguntei se aquele ônibus passava pelo cassino. Ele respondeu que passava. Como tinha certeza? "Pelo cheiro!"

O outro exemplo é do governador da Paraíba, José Maranhão, que é piloto traquejado. Não estava no comando do aparelho, tirava um cochilo, quando o copiloto o acordou avisando que o painel indicava anomalia. O governador nem olhou o painel. Sentiu o cheiro de óleo e disse: "Pistão do trem de pouso está vazando". Não deu outra.

Basta um nariz atento para a certeza de tudo, principalmente das injúrias do tempo e da vida. Daí a expressão "isso não me cheira bem". Pois no *Dom Casmurro* o cheiro do adultério paira em cada página, em cada período. Os olhos de ressaca de Capitu e a ressaca do Flamengo que tragaria o amante. Está tudo ali.

Não sei se feliz ou infelizmente, os tribunais não aceitam o cheiro como prova. Em casos de adultério, exigem provas, lençóis emporcalhados, fotografias, testemunhos de camareiras e donos de motéis. No tempo de Bentinho não havia exame de DNA – e, mesmo se houvesse, ele jamais iria pesquisar a certeza. O filho não era dele – cheirava a filho de outro.

Apesar de derrotado no júri, fiquei orgulhoso de meu culto machadiano. Cem anos após ter escrito o romance mais famoso de nossa literatura, um auditório lotado se empolgava com os disfarces, as insinuações, as pistas falsas que ele criara para contar a história de um paspalhão que além de corno era casmurro – o "dom" fora acrescentado porque um vizinho lhe atribuía "fumos fidalgos".

Flaubert e Tolstói tiveram suas adúlteras. Ema Bovary e Ana Karênina pecaram explicitamente, foram punidas. Ema envenenou-se com os remédios da botica, Ana atirou-se nas rodas de um trem. Machado não seria melodramático a esse ponto. Além do mais, ele gostava de refocilar a ambiguidade. Não tinha certezas – e ainda que Capitu fornicasse com o amante diante do marido, ele introduziria a dúvida na cabeça de Bentinho: será verdade o que estou vendo?

Em *Grande sertão: veredas*, Guimarães Rosa quase ia criando uma ambiguidade igual. Diadorim atravessa o romance como a "neblina" de Riobaldo. Somente ao final é revelado o segredo: Diadorim era a moça que se passava por jagunço. Machado jamais faria isso.

Comecei este artigo falando num português e agora, no final, falo em outro. Piada de Raul Solnado que fez sucesso: um tal de Joaquim não podia ver saia e casou-se com um escocês, desses que usam saiotes quadriculados. E só descobriu que havia se casado com um escocês por causa da gaita de fole.

Capitu traiu o marido. Nem por isso merece ser condenada. Entre os moradores da rua Cabuçu que condenavam o Pires por adulterar o leite e o Cristo que perdoou a adúltera, fico mesmo com o Cristo.

Os azuis de Ticiano

Muito tempo antes de De Gaulle, descobri na própria carne que o Brasil não é país sério. Deu-se que eu tinha pouco mais de vinte anos, arranhava o órgão e nunca me tinha dedicado verdadeiramente ao piano. Encontrei um irresponsável que me pagou para tocar num inferninho, frequentado por cavalheiros de grosso trato, mulheres suspeitas, algumas outras suspeitíssimas.

Tocando "As Time Goes by", "It Had to Be You", "Sleepy Lagoon", "Star Dust" e boleros da época, consegui ganhar o primeiro salário com o suor do meu rosto e a fadiga dos meus dedos.

Depois, para pasmo de parentes, amigos e inimigos, passei para a literatura e logo em seguida para o jornalismo. Encontrei desinformados que me pagaram por um e outro ofício. Nunca precisei rolar pelas sarjetas – profecia de um professor que perdeu a paciência diante de minha ignorância em aprender as equações de segundo grau. Garantiu que eu teria um péssimo futuro, esmolando o pão nas escadarias das igrejas, dormindo sob marquises nas noites de chuva, enrolado em jornais catados no lixo.

Nunca se deve confiar em quem já tocou piano e escreveu por tão pouco. Coisa de dez meses, precisei reparar um ladrilho decorado da cozinha, comprei um pincel e alguns tubinhos de tinta, fiz uma lambança, ia jogar fora pincéis e tintas. Eis que a serpente que sempre nos ronda sugeriu levar a experiência adiante. Na tampa de uma caixa de charuto tentei fazer um quadro, uns borrões amarelos em cima de umas estacas cor de burro quando foge, uma de minhas preferidas, com a qual, aliás, venho fazendo emocionantes experiências.

Um dia – dia que será guardado na memória da humanidade – vendi um quadro. À noite, rondei a casa do freguês para ver se ele fora expulso do lar por justa causa. Imaginava-o na pior, sentado no meio-fio da rua, o quadro entre as pernas, meditando sobre a besteira que explicava sua desgraça.

Dias depois, vendi outro quadro, um pouco mais complicado do que o anterior, mais abstrato ainda, e com a transparente proposta de não ter proposta alguma. Van Gogh e Modigliani nunca venderam um quadro em vida. Já era um bom começo de vida para um artista como eu.

Os pintores que mais admiro, os da Renascença, não tinham a preocupação de exprimir-se. Isso foi coisa decadente, do final do século passado. Tampouco procuro exprimir-me, estou ao lado de Rafael, Leonardo, Botticelli – fico em boa companhia.

Por ora, estou caprichando nos azuis. Conheci em Veneza uma sueca que ali vivia há dez anos estudando os azuis de Ticiano. É possível que, daqui a dois ou três séculos, uma outra sueca venha ao Rio estudar os meus azuis – que verdadeiramente são quase verdes.

Pretendo me dedicar agora aos abstratos conceituais – uma forma bastante abstrata de não ter conceito algum. Enquanto a polícia e o equilíbrio universal do Cosmos o permitirem, irei em frente embora sem chegar a nenhum lugar.

VIAGENS

Mistério e alucinação

No meu tempo de menino, a viagem a Niterói era uma viagem ao fim do mundo, ao último pedaço de matéria do universo. Tomava-se a barca na praça Quinze e, meia hora depois (se a maré não estivesse contra, se estivesse podia demorar dias), descíamos no outro lado do cosmos, além do buraco negro formado pelo Big Bang.

Tudo parecia diferente: o céu, as nuvens, as pessoas. Não se mudava de cidade: mudava-se de país, de continente. Isso não quer dizer que Niterói fosse o fim da picada. Era apenas longe. Como o reino de Cristo e o Paulo Francis, Niterói não era deste mundo.

Hoje, aqui de minha sala no trabalho, vejo a baía inteira, Niterói inclusive. Sem sair do lugar, posso dizer que estou lá de certa forma. No mesmo olhar reúno os dois pontos mais longínquos de minha infância: o cais da praça Quinze, onde desembarcou dom João VI e onde meu pai se fartava de comer o pioneiro angu do Gomes; e o cais de Niterói, onde o pai certa vez perdeu os óculos e tomou o bonde errado, indo parar ninguém – principalmente ele – sabia onde.

O que era uma viagem aos limites do universo, uma busca do ignoto, uma chegança ao imponderável, é agora um ponto insignificante da paisagem geral que posso contemplar com olhos fatigados, sem direito ao mistério, sem a desculpa da alucinação.

Tudo está ali, no mesmo golpe de vista, não há emoção, nem sequer há viagem. O céu é o mesmo nas duas cidades, mesmas são as nuvens e, na certa, as pessoas serão mais ou menos as mesmas, o Barros, por exemplo, mora em Niterói e trabalha aqui comigo.

Devo ter provado o tal fruto do bem e do mal e, consequentemente, ter sido expulso do paraíso que não pedi para ganhar mas do qual não precisava ser expulso assim sem mais nem menos, sem ser consultado. Vivendo agora sem mistério e sem alucinação, é como se tudo fosse ao mesmo tempo e tudo fosse do mesmo lado.

Uma noite no Scala

A folhinha pendurada no hotel marcava uma data: 7 de janeiro de 1975. Desde dezembro andava de lá para cá, enfrentando as estradas e o mau tempo do norte da Itália. Chegara a Milão pela manhã, deixando atrás de mim uma Veneza ensolarada mas triste, com suas chagas recentes e seus palácios fatigados. Tencionava dormir o dia inteiro, porém o porteiro me avisou que havia Scala: se corresse, ainda poderia comprar uma galeria no velho teatro. O programa tentava: uma *La Bohème* em comemoração ao cinquentenário da morte de Puccini. Elenco da pesada, com Mirella

Freni no papel principal, regência de Herbert von Karajan, direção geral de Franco Zeffirelli.

O hotel não ficava longe da *piazza* onde outrora existira a Igreja de Santa Maria della Scala, em cuja área o arquiteto Piermarini construiu o teatro que se tornou o mais famoso do mundo. Não perdi tempo e paciência esperando um táxi: fui a pé.

Deixei o ano da graça de 1975 e, por uma curiosa e indolor máquina do tempo, penetrei naquele *piccolo mondo* que parou no espaço e ficou como um oásis da bela época encravado nesta bruta época que é a nossa.

Ao enfrentar o bilheteiro, já não estava mais em 1975, mas em 1900: o homem usava costeletas, bigodes, colarinho e ideias daquele ano. Não vendia mais nada. Nem que lhe desse a Amazônia como suborno poderia me arranjar uma galeria.

Quanto às poltronas, bem, havia cambistas pelas imediações. Farejaram o forasteiro que ali estava, com aflições na alma e dólares no bolso.

Um deles, com cara de sobrevivente da Batalha de Caporetto, diminuiu eficientemente as duas coisas: fiquei com menos aflições e dólares, mas tinha agora dois bilhetes amarelos que me davam direito a duas poltronas vermelhas na imensa plateia – dourada e cheia de sons – do Teatro alla Scala de Milão. E, além dos bilhetes, ganhei o direito de participar do clima de exaltação que rondava o espetáculo.

Oficialmente, a direção do teatro não comunicara nada, mas se sabia que La Freni não iria cantar. Ela estaria *ammalata*, doente. Faz parte da tradição as divas ficarem doentes antes das grandes estreias. Contudo, rosnava-se que a doença era falsa. La Freni não queria cantar sob a direção de Karajan. E dentro da rosnação geral surgia uma maledicência subalterna: maestro e cantora haviam tido um caso tempestuoso, cujo *gran finale*, em Viena, quase terminara em morte – como nas óperas.

Conheço Mirella Freni de disco e achei que era muita cocada ouvi-la de corpo e voz presentes, sob a direção de Karajan, a quem já conhecia de um festival em Salzburgo. E estava disposto a pedir um abatimento nas entradas quando um *carabiniere*, que àquela altura da manhã já policiava a fila que se formava para as galerias, garantiu-me que Herbert von Karajan também não regeria a ópera. E pelo mesmos motivos: preferia quebrar a batuta a ter de trabalhar com La Freni. Voltei à bilheteria e pedi garantias: afinal, haveria mesmo uma ópera ou o Scala escalaria o Mazzaroppi? O homem respondeu dignamente: o *signore* Mazzaroppi não cantaria naquela noite, essa era a única certeza que me dava. Nem havia certeza se cantaria nos dois próximos anos. De resto – como na Itália em geral e na ópera em particular –, tudo era possível.

No final da tarde, a portaria telefonou para o meu quarto avisando-me que o rádio acabara de anunciar: La Freni estava mesmo *ammalata*, Herbert von Karajan não regeria.

– E quem cantará afinal? – perguntei.

Uma romena, Ileana Cotrubas, que precisava estourar. O maestro seria Georges Prêtre. Os dois estavam dispostos a fazer o público esquecer La Freni e Karajan. Seria um duelo com a glória.

A folhinha continuava marcando o ano de 1975, mas a qualquer momento o cabo submarino daria a notícia: o *Titanic* acabara de bater num iceberg. E, em Sarajevo, um estudante matara um arquiduque.

A nobreza milanesa comparecia unida. Não é parecida com o seu ramal romano, que é constituído de nobres decadentes, mas com papas na família. Em Milão, a nobreza é industrial: os nomes não lembram papas mas aperitivos, pneus e automóveis. Martinis, Pirellis e Ferraris servem de moldura aos Agnellis – os novos reis da Itália.

No dia seguinte, os jornais de toda a Europa comentariam aquela noite no Scala: "Uma das mais perfeitas de sua história" – de minha parte, voltei para o hotel assombrado comigo mesmo. A *nebbia* embaçava os lampiões, o asfalto úmido me conduzia para o hotel e para o ano da graça de 1975. Por um momento parei num cruzamento e fiquei indeciso se devia continuar ou não. Deixara um mundo defunto, com suas Mimis tuberculosas e suas Musettas levianas.

No fim da praça, a silhueta neoclássica do Scala preparava-se para dormir o seu sono de duendes e sons. No Rio, àquela hora, devia estar fazendo uma noite quente e perfumada pelo mar de verão. Tive medo de não encontrar os escombros do mundo em que vivia. Mas ele ali estava, intacto. Na folhinha do hotel, já havia outra data. Mas desconfiei que em mim não havia o mesmo homem.

No meio do caminho

Saí da autoestrada que me trazia de Florença, vinha distraído, pensando na vida, tomei um atalho que me parecia cortar caminho em direção ao centro de Roma e, de repente, me senti perdido. Não conhecia aquelas árvores que minguavam com a chegada do inverno, nem aquelas casas esparsas e descascadas que volta e meia apareciam de um lado e de outro.

Sem referencial, sem bússola e sem cartas topográficas, sequer sem aqueles mapas rodoviários que deixara no Rio, o jeito foi me aproximar do homem que vinha andando pela estrada, meio curvado e, como eu, pensando na vida.

Perguntei onde estava. A resposta foi rápida e breve: "Aqui". Não ousei contraditar a evidência de que estava ali, mas indaguei onde ficava aquele "aqui" que ele mencionara com tanta e tamanha autoridade. "E eu sei?" – disse o homem, que apesar da resposta rude não parecia chateado.

Então estávamos empatados, eu geograficamente, ele filosoficamente. O diálogo seria impossível se o homem não fosse um italiano que, interrompido no pensar na própria vida, logo tratou de pensar na vida dos outros:

– E aonde o senhor quer ir? A Roma? Fazer o que lá? Sempre me perguntam onde fica Roma, e eu não sei o que tanta gente vai fazer lá!

Pelo modo com que ele falava, desconfiei de que todos os caminhos levavam a Roma, menos aquele em que me metera. Um antepassado daquele homem, Dante Alighieri, também se perdera no meio de um caminho e fora parar no inferno. Preferi negociar:

– Olha, preciso chegar a Roma, se o senhor me der uma informação, eu posso lhe dar uns trocados...

– Uns trocados? Achava que Roma valia mais! Em todo caso, o senhor pegue a primeira à direita e depois vire sempre à esquerda...

– Chegarei a Roma?

– Não sei. Mas chegará a alguma parte.

Contra o turismo cultural, com breve exceção

Num ano qualquer do passado, programei uma temporada em Ouro Preto com minhas filhas, que eram crianças, aí por volta dos dez anos. Precisava acabar um livro, e nada melhor do que o cenário barroco de uma velha cidade. Estava em fase de preparativos, quando a filha mais velha veio com a novidade.

Não queria ir para Ouro Preto. Preferia viajar com a prima, que tinha a mesma idade dela e que iria fazer "o roteiro das cidades históricas de Minas Gerais". A frase mereceria um ponto de exclamação, pois ela me comunicou o passeio com ênfase: "Cidades históricas de Minas Gerais!".

Eu poderia argumentar que Ouro Preto era também uma cidade histórica. Perto de Sabará e de Congonhas, vizinha de Mariana. Sem prejudicar o meu trabalho, poderia levá-la às mesmas cidades. Ela continuou preferindo o roteiro da prima, que era mais solene e fecundo: cidades históricas de Minas Gerais!

Sempre embirrei com o turismo cultural. Quando estava por volta dos quarenta anos, decidi fazer um roteiro espiritual, que é coisa diferente. Fui a Roma (que já estava careca de conhecer), a Jerusalém e a Atenas. Três cidades que fundaram o Ocidente e, que, de certa maneira, formaram aquilo que sou, penso ou deixo de pensar.

Não fui como turista, mas como peregrino. Evitei os lugares mais óbvios, descobri uma tasca em Atenas que me emocionou tanto ou mais do que a Acrópole inteira, que estava cheia de turistas e repleta de barraquinhas de cachorro-quente.

Outro dia, relendo Eça de Queirós, me espantei com a viagem que ele fez ao Egito – e que foi o ponto de partida para sua carreira literária. Chegando a Alexandria, saiu-se com esta: "O navio flutuava nas mesmas águas onde outrora fundearam as galeras de púrpura que voltavam do Actium".

Como no caso das cidades históricas de Minas Gerais, a frase exigia um ponto de exclamação: "... que voltavam do Actium!". E Eça continuava, deslumbrado: "Alexandria, onde estavam seus quatro mil banhos, seus quatro mil circos, seus quatro mil jardins!".

Muitos anos após Eça, fui dar com os costados nas mesmas águas onde flutuaram as galeras de púrpura que vinham do Actium. O navio faria uma escala em Alexandria, ônibus especiais transportariam os passageiros até o Cairo – cidade que eu já conhecia, por ocasião de uma conferência que selaria o acordo de paz entre o Egito e Israel.

Nada tinha a fazer no Cairo. Já estava farto de visitar múmias, túmulos de faraós e califas. Por mais que me explicassem, minha curiosidade não se sentia atraída por Síris I, da quinta dinastia, nem por Ramsés III, da décima-sexta dinastia.

Birra específica sempre cultivei contra banheiras etruscas, que enchem grande parte dos museus gigantescos, como o Louvre e o Vaticano. Daí que, nos últimos anos, quando me falam em turismo cultural ou qualquer coisa parecida, como aquele militar sul-americano da anedota, tenho vontade de puxar a arma que nunca possuí.

Volta e meia dou um azar involuntário. Durante a Copa do Mundo, na França, fui à Notre-Dame levar um amigo para conhecer a catedral do corcunda. Parei perto de uma pilastra para mostrar a rosácea que nem sei por que havia entrado num romance que publiquei por aí.

Estava mostrando o belíssimo vitral quando o meu amigo apontou o chão e disse:

– Veja, você está em cima do lugar onde Paul Claudel ouviu o *Magnificat* e se converteu.

Realmente, olhei para baixo e lá estava a placa, comunicando aos passantes que ali o poeta ateu ouvira o belo hino em gregoriano e abraçara a fé para sempre.

Já estivera no mesmo lugar diversas vezes, nunca olhara o chão nem me lembrava de que o poeta e diplomata ali recebera o raio de Damasco que mudaria sua vida.

O mesmo já me acontecera anos antes, quando tomava um comprido e complicado sorvete olhando o Palazzo Vecchio de Florença ao cair de uma tarde bem toscana. Lambia a gostosa casquinha quando a moça que me acompanhava mostrou o chão e me avisou: "Você está bem em cima do lugar onde enforcaram Savonarola".

Dei um pulo. Que diabo, a praça é enorme, tanto lugar para pisar e fui ficar justamente em cima daquela placa, o local onde o terrível frade fora *impiccato*.

Por essas e outras, fui tomando pavor dos sítios históricos. Mesmo assim, como convém às regras, tive uma exceção. Foi na Grécia, as belas colunas de mármore que restaram do templo dedicado a Possêidon, deus dos mares. Fica bem no extremo de uma ponta que avança para o Egeu, era a última referência da terra para os marinheiros que se aventuravam no desconhecido.

Estava olhando aquele mar azul, emoldurado pelo templo branco, nacarado, quando vi numa coluna, escrito a canivete, o nome de Byron. Exatamente isso: apesar de civilizado, o poeta agredira aquele mármore e ali deixara o nome dele.

Olhei em torno. Não tinha nenhum guarda. Com a chave do carro, arranhei meu nome, bem embaixo do dele. Foi um atentado, reconheço. Mas até hoje não me arrependo disso.

A baleia despedaçada

Desde que Pompeu pronunciou o "navegar é preciso", foram muitos os que, literalmente, embarcaram na pequena frase que se tornou um lema poético e existencial. E até mesmo operacional, tal como está inscrito no escudo da Liga Hanseática, ali no extremo norte da Europa. Em Lübeck, cidade natal de Thomas Mann, o portão medieval que dá acesso à rua principal tem esse escudo gravado na pedra já coberta de limo. Nele se pode ler o apelo com o qual Pompeu incentivou seus marinheiros a enfrentar a procela que separava o trigo da África da fome de Roma.

A bordo da mesmíssima frase, Fernando Pessoa e até o finado Ulisses Guimarães costumam ser citados como pais da ideia de que navegar é preciso, viver não é preciso. Outro dia, vi na TV um professor universitário atribuir a frase a Caetano Veloso.

O mestre dava uma aula sobre o descobrimento do Brasil e fez assombrosa síntese. Daí que fiquei em dúvida se Cabral ou o grande Gama decidiram navegar depois de ouvir Caetano. De qualquer forma, em nome desse navegar é preciso, cheguei à conclusão de que o melhor é tirar o meu time de campo, ou melhor, meu barco do mar. Viajo em seco – e viajo bem.

Acho que é preciso viver, navegar fica por conta de circunstâncias. O povão que mora em Niterói costuma navegar todos os dias, e todos ali concordam que viver é preciso. Navegam por necessidade de tempo e economia de pecúnia.

Mesmo assim, nos últimos anos aprendi a navegar não exatamente entre Rio e Niterói, mas pelo Mediterrâneo. Desdenho o Caribe, que é uma espécie de Disneylândia naval. Mas é bom sair de Gênova, Nápoles ou Veneza, visitar portos históricos como Marselha, Barcelona, Málaga, Chipre, Catânia, Palermo, Pireu, Rodes, Creta, Alexandria, Haifa, Sardenha – o espaço seria pouco para tanto mar.

Navegar no Mediterrâneo é repetir o roteiro de Ulisses, não o Guimarães acima citado, mas o próprio, o personagem criado por Homero. E não raras vezes o viajante, como o herói da *Odisseia*, sente necessidade de se amarrar nos mastros para não cair nas águas enfeitiçadas pelas sereias.

De saco pleno pelas travessias aéreas, bagunçadas, longas, um tempo perdido e sacrificado ao espaço, sempre que posso volto para casa de navio, chegando na praça Mauá de bermudas, pele tostada pelo sol, sem problemas de fuso horário e de excesso de bagagem. Perco quinze dias, mas ganho saúde e tempo integral para ler. Se estou a fim, tempo também para escrever.

Final do ano passado, tão logo o navio deixou o *mare nostrum* dos romanos e enfrentou o Atlântico, subitamente as máquinas pararam. Foi um respeitável tranco. Eu estava com o *notebook* no colo, caprichando uma cena meio escabrosa entre uma candidata a lésbica e um candidato a corno, uma espécie de conto que me fora encomendado e que terminou se transformando num romance impublicável.

O *notebook* foi para o chão, milagrosamente não quebrou, apenas encerrou a cena antes que ela encerrasse definitivamente o nível de bom gosto que deveria manter. Mudei o rumo da história depois desse tranco.

Foi então que o comandante anunciou em diversas línguas que uma baleia ficara presa no casco. Não detectada pelo radar de bordo, ela foi arrastada. Ficou presa naquela parte do casco que faz uma vírgula de ferro, bem embaixo da proa.

Se em vez de uma baleia, um alvo móvel, fosse um iceberg, eu talvez não estivesse aqui escrevendo estas mal traçadas. Mas o navio não podia enfrentar o Atlântico com aquele mamífero travando a sua marcha. O esforço para arrastar o mamífero arrebentaria os motores.

(Insisto no "mamífero" porque é o pouco que sei a respeito das baleias: elas são mamíferos. São cetáceos também, mas gosto mais do mamífero, sei do que se trata, eu próprio sou um mamífero, embora em menores proporções. Não me considero um cetáceo, apesar de haver gente que assim me considera.)

Mergulhadores da tripulação desceram num bote inflável e serraram a baleia pelo meio. Não me dei ao respeito de ver o esfacelamento do monstro. Uma mocinha da tripulação, que estava de folga e descansava na proa, me garantiu que a baleia chorou como choram os porcos na hora da faca.

Dois formidáveis pedaços do mamífero foram para o fundo do mar. Logo o navio recomeçou a sua marcha. Não mais sobre um leito de espumas brancas, mas de espumas avermelhadas por duas toneladas de sangue. Mais uma vez me convenci de que navegar não é preciso.

História de um quase naufrágio

Toda vez que tomo conhecimento de um naufrágio, como o recente, em Cabo Frio, encontro um motivo a mais para discordar de Dorival Caymmi: não é doce morrer no mar. Aliás, pensando bem, não é doce morrer em lugar algum, nem mesmo em cima da cama, muito menos em cima de um vulcão, como Silva Jardim, que acabou tragado pela pérfida boca do Vesúvio, monstruosa cratera que de séculos em séculos vomita fogo e soterra cidades.

Como quase todo mundo, tenho também minha história nada heroica, um sufoco passado no mar, não em alto-mar, nem diante dos "infames escrópulos de Acroceraunia", que tanto medo deram a Horácio quando soube que seu amigo Virgílio iria visitar as ilhas gregas para fazer a sua *Eneida*. Quase fui ser banquete dos peixes nas águas geralmente mansas e amigas da baía da Guanabara.

Se a história não merece ser contada, pela insignificância do cronista, que não faria falta alguma se fosse tragado pelo *mare turgidum*, merece ser lembrada por causa do nome, Virnorel, que até hoje não esqueci e levei tempo para saber o que era.

Deu-se que meu primeiro sogro tinha duas lanchas, uma Chris Craft importada, que somente ele usava, e uma outra, produto de fundo de quintal, como a traineira que emborcou em Cabo Frio semana passada. Primitivamente, era um escaler de um navio desativado que apodrecia nas proximidades de Niterói. O primeiro dono comprou-o ou roubou-o, botou bancos novos, calafetou as frestas e instalou um motor de centro, um Chrysler Marine de quatro cilindros, terceira mão, cuja principal qualidade era esquentar e afogar.

Naquele tempo eu era um disponível jogador de futebol de praia, não fazia nada além de jogar peladas e, eventualmente, pescar pelas imediações de Paquetá e ilha do Governador, a bordo da tal lancha improvisada e que tinha o nome, também improvisado, de Virnorel.

O mistério durou anos, até que me explicaram: o primitivo dono tinha três filhas, Virginia, Norma e Elisa. Na impossibilidade de ter três tristes lanchas, ficou quite com as filhas compondo com as primeiras sílabas das três o nome final da embarcação: Vir, nor, el. Certa vez, contei isso ao Antônio Houaiss, e ele nem se espantou: disse que mais da metade dos nomes que usamos tiveram composição idêntica ou análoga.

Bem, explicado o nome, explica-se o quase naufrágio. Há no meio da baía, na rota que vai de Paquetá, uma ilha chamada Jurubaíba, que, quando a maré baixa, se transforma em duas, passando a ser ilhas de Jurubaíba. Naquele remoto tempo, mereciam o adjetivo que os maus escritores dão sempre às ilhas abandonadas e desertas: paradisíacas. Em sua versão de ilha ou de ilhas, eram realmente paradisíacas, areias brancas, mar límpido e ainda não poluído pelos detritos da Petrobras, que construía um terminal ali perto, na ilha d'Água, derrubando uma bonita floresta que parecia nascer das ondas já referidas como mansas e amigas.

Enchi a Virnorel de cunhados, primos e vizinhos, ao todo umas quinze pessoas temerárias que confiaram na Virnorel, que não merecia confiança, e em mim, que merecia menos confiança ainda. Partimos cantando as emoções do mar, que estava liso como a pele do rosto da mulher amada, chegamos às Jurubaíbas, que eram duas porque a maré estava baixa. Tomamos banho, improvisamos um churrasco, enfim, fizemos o programa combinado até que começou a soprar o sudoeste. É um vento mau-caráter, relativamente raro na baía, onde sempre sopra o gostoso e pacífico noroeste. Para falar a verdade, eu entendo pouquíssimo de ventos, como nada entendo de nada. Mas sempre ouvira dizer que o sudoeste é traiçoeiro.

As duas ilhas se transformaram em uma, e, na impossibilidade de encomendá-la a um timoneiro melhor, encomendei a viagem de volta a Santo Antônio. Quando embiquei a proa para o continente, surpresa, não havia continente, que desaparecera encoberto pelas ondas cada vez mais altas.

Sem bússola, sem estrelas – e mesmo que as tivesse não saberia entendê-las como aquele poeta que ouvia estrelas –, joguei toda a minha esperança no motor, que roncava como um bicho agonizante, ameaçando parar a cada tranco mais forte das ondas.

Não foi no mar, onde nunca aprendi nada, somente a nadar, que me ensinaram uma lei básica: não se deve dar murro em ponta de faca. Adaptando aquela lei às circunstâncias, desconfiei que não adiantava esmurrar as ondas, enfrentando-as com a encarquilhada Virnorel e o esclerosado motor da Chrysler Marine.

Fui bordejando as ondas, que os poetas costumam chamar de vagas, e, como não sabia onde era o continente, qualquer outro lugar me servia, desde que não fosse a barra, que me levaria da baía da Guanabara para o oceano Atlântico, o Mar Tenebroso dos navegadores do século XVI. E aí eu não estaria aqui escrevendo estas bobagens.

Fui sair a cinco quilômetros do lugar de onde partira. Como os peregrinos que visitam os santuários, todos os passageiros se ajoelharam em terra para agradecer a salvação. Eu cheguei a pensar em mandar construir no local uma capela, mas não tinha nem recursos nem obstinação para isso.

Agradeci a Santo Antônio, e até hoje embirro com mulheres que se chamam Virginia, Norma e Elisa.

À sombra das pirâmides

Nunca tive nada contra os camelos, mas a recíproca parece que não é verdadeira. Dez anos atrás, em Jerusalém, um deles comeu a lente grande-angular da minha Pentax, e eu perdi a oportunidade de fotografar um beduíno com radinho de pilha contra a desolada paisagem do deserto da Judeia.

Daria uma excelente foto de abertura (página dupla) para uma reportagem encomendada.

Tempos depois, no Cairo, dei um vexame diante de 4 mil anos de história condensados nas pirâmides. Um camelo cismou comigo e ficou andando atrás de mim. De início, fingi que não estava entendendo. Mas ele tanto insistiu em me fuçar que acabei perdendo a paciência e os bons modos.

Na inutilidade de xingar o camelo, xinguei o cameleiro em todos os idiomas que mal conheço. O cara pensou que eu queria dar uma volta montado no animal, e aí foram os dois – camelo e cameleiro – que não me largaram. Terminei dando uma gorjeta ao homem para que fossem embora.

Não é agradável olhar de perto esse animal estúpido e solerte. Seus dentes são esverdeados, o hálito é deplorável. Durante séculos, ele vence a imensidão das areias com as suas gorduras acumuladas nas corcovas de sebo.

Ia xingá-lo uma última vez quando descobri que aquele era um camelo cego, de pupilas vazias e gastas pelos ventos do deserto. Daí a humilhação em que agora vivia, rodando em torno das pirâmides, explorado por cameleiros excitados, levando no lombo turistas cevados e ignorantes como eu.

Posso esquecer tudo na vida, graças e desgraças, mulheres que amei e que talvez tenham me amado. Mas não esquecerei aquele animal estúpido e cego que passou a manhã se oferecendo ao freguês que não o alugou, que procurou um dono que não o quis e encontrou um amigo que não o compreendeu.

A deusa do mar Egeu

Para não contrariar os compêndios, a ilha tem água por todos os lados. Mas sua água brota ali mesmo. Rompe ainda quente das cavernas submersas do deus Possêidon, cujo templo de mármore projeta a sombra de suas colunas imaculadas sobre o azul do Mediterrâneo.

Depois oferecer à Divindade dos Mares os últimos sacrifícios propiciatórios, o viajante está pronto. Pode iniciar a travessia pelas águas que se separaram, um dia, para que subissem as terras encharcadas que formariam as

Cíclades. Rainha do Arquipélago, Deusa do Egeu, Mykonos é a ilha Estanque e Bastante. Homero fez Ulisses navegar pelas mesmas águas, mas em outra direção. Deixou Mykonos intacta: que cada um empreenda a sua viagem e ali descubra a sua própria aventura.

O casario é branco, as ruas são brancas, os moinhos são brancos. Olhada de longe – e sem pressa –, a pequenina aldeia de pescadores parece a espuma de uma onda que se fixou, em pedra, ao longo das enseadas, côncavas, abertas ao sol. Povo de muitos deuses e muita devoção, os gregos gostam de capelas domésticas. Cada grupo de três ou quatro famílias constrói a sua pequenina igreja, onde as lâmpadas votivas ardem diante de ícones dourados e desbotados pelo tempo.

Na Antiguidade, os gregos chegaram a dedicar um altar ao Deus Desconhecido. E foi com este "gancho" que Paulo de Tarso fez seu famoso discurso no Areópago de Atenas, mudando não apenas a Grécia, mas o mundo.

É um lugar perfeito. E só não chega a ser mais que perfeito porque o nome – Mykonos – começa a ser dado com insistência suspeita a restaurantes e butiques, o que é mau sinal. A ilha pode perder parte de seu encanto e ser devorada pela badalação internacional ou pelas canções de protesto contra o sistema. O *jet set* conseguiu estragar Saint-Tropez e outras paragens. E a música *pop* já está sendo tocada nas casas de chá, absorvidas tranquilamente pelo sistema.

De qualquer forma, a ilha lá está, boiando com suas casas brancas no mar Egeu. A geografia ensina que ilha é uma porção de terra cercada de água por todos os lados, mas não diz o importante: que terra e que águas merecem formar realmente uma ilha? Afinal, até a Inglaterra é uma ilha.

Mykonos, em muitos sentidos, é a ilha. Homero andou naquelas águas, cantou suas ondas azuis, suas espumas quentes e iluminadas, o esplendor de suas auroras. Quem estuda grego acaba estranhando que a maioria dos cantos homéricos comece por uma descrição da aurora. Sempre chega o dia em que se dá razão aos outros: ele tinha motivos de sobra para isso.

Homero situou a ilha de Ulisses do outro lado, ao norte do Pireu, mas uma ilha grega é sempre aquele lugar que está além da viagem que todos devemos fazer em torno de nós mesmos.

Mykonos – como sabeis – é uma das Cíclades, fica perto de Lesbos – cujo nome também sabeis – e pertíssimo de Patmos, onde o apóstolo João viu os Quatro Cavaleiros do Apocalipse e a Grande Besta do próprio. Mykonos não tem esse passado glorioso. Nem mulheres que se entregaram ao feminismo chauvinista nem santos que se entregaram a visões apocalípticas. Mas há em suas ruas, no labirinto de seus brancos caminhos, um enigma claro que o sol decifra a cada manhã.

Não é um paraíso distante e impossível. Para quem é pobre e não tem iate, há barcos e navios diários que ali lançam suas âncoras cansadas. Saindo do Pireu e fazendo escalas em outras ilhas (Syros e Tinos), a viagem pode durar sete horas, tempo suficiente para se ver o sol dos gregos tombar como um deus em chamas no mar dos gregos. Para os mais afobados, há o avião.

Não se precisa saber de muita coisa além do gasto. História e mitologia são dispensáveis, mas, para quem gosta, é bom recordar que o nome da ilha se deve ao herói Mykon, mítico e fantástico como todos os heróis que fenderam a terra com a ira de seus raios e violentaram as mulheres com a fúria de seus músculos insaciáveis.

Fenícios, cretenses, jônios, persas, macedônios e romanos andaram por lá – mas essa cambada de conquistadores também andou por outras paragens e não conseguiu produzir outra Mykonos. Pois o que a distingue de outras é a solidão de seu destino de ilha.

Mar, sol, peixe, vento, o ritmo alegre da *sirtaki* (aquela dança em que os homens se dão os braços abertos e entrelaçados, como dois crucificados), o gosto áspero de *ouzo* – a pinga local, forte e necessária, que combina com peixe, com sol, com vento, com pranto e com prazer.

Há mais de cem anos tudo ficou perfeito ali. Perfeito e completo, como se todos (a ilha tem pouco menos de quatro mil habitantes) tivessem decidido sair da história para entrar na vida. Não há competição nem glória. Há muito que os gregos, em geral, acharam que já tinham dado o que podiam dar – e deram muito, por que não dizer, deram tudo.

A filosofia, o teatro, a ciência, a investigação, a política, a arte, a melodia, a técnica, os deuses, a democracia, a dúvida socrática, o amor platônico, a lógica aristotélica, o herói da Maratona, a tragédia de Sófocles, o complexo de Édipo, o Século de Péricles, os mármores de Fídias, o banho de Arquimedes, a pira olímpica e, de quebra, os olhos esbugalhados de Melina Mercouri.

Mykonos resistiu a tudo. Armou o seu estilo de vida, simples, silencioso, necessário, em contato com as essências salgadas de sua paisagem azul e branca.

Os homens atingem idade avançada e continuam grudados aos barcos, molhados de ondas e olhando as mulheres com a força de suas pupilas vivas e negras, que o tempo não foi bastante para apagar. Eles não penduram as chuteiras antes dos setenta em nenhum setor da humana lida. Os jovens fazem o mar e fazem o amor onde e como podem – e podem tudo.

As mulheres passam em silêncio pelas ruas iluminadas pelo sol absurdo que, mais adiante, amadurece as frutas e frutifica as oliveiras. Há velhas também, mas as moças lá estão, os pulsos brancos, as pernas fortes, decifrando com seus olhos imensos o labirinto das ruas que levam à sombra do homem.

O diabo é que eles estão começando a chegar. Eles são os outros: os turistas afobados, os ricos que reclamam porque nas tabernas, salgadas pelo gosto de peixe, o uísque é bebida quase proibida. Eles lamentam que a ilha não tenha um Hilton ou um Sheraton. Não está mais em moda citar Sartre, mas lá vai: o inferno são os outros mesmo.

De minha parte, não sou grego nem turista, nem rico, nem ilhéu. Cultivei raízes bastardas que me prenderam a mitos e ritos que não amo nem preciso. Mas sempre consegui armar meus truques e exorcizar os demônios que me danaram a alma. Em Mykonos, depois de comprido giro por Jerusalém, Atenas e Roma, descansei meus olhos fatigados de ruínas – e deslumbrados.

Patrioticamente, um programa de índio

Estava escrito: eu não terminaria meus dias sobre a face da Terra sem antes cumprir um legítimo programa de índio. Diga-se, como preliminar, que as minhas relações com os índios são as mais distantes. A rigor, só conheço índio de Carnaval e, por Júpiter!, não os aprecio. São, de longe, os blocos mais fedorentos e sujos.

Eis que os trancos da vida me levaram ao Pantanal e, em seguida, ao Bananal. Pântanos e bananas à parte, valeu. Valeu, sobretudo pela visita que fiz a uma aldeia às margens do Araguaia, uma tribo cujo nome sequer me dei ao respeito de guardar. Que eram índios, eram. Não fediam como os índios de nossos carnavais, nem eram tão agitados.

A aldeia não está longe da chamada civilização: em meia hora de lancha, cortando em diagonal o grande rio, chega-se lá. Não se paga pedágio, mas não se pode fotografar nem fazer perguntas. Eles se encarregam de fornecer respostas não pedidas. Em duas ou três cabanas, a antena de televisão leva as mazelas dos caras-pálidas até a tribo.

A Funai se esforça para ajudar desajudando ou desajudar ajudando – é muito difícil compreender o que ela realmente faz. Mal saltei nas margens, esbarrei com um velho trator desmontado e comido pela ferrugem. Algum abnegado, amigo dos índios, descolou aquele trator para ajudar os índios a arar a floresta. A floresta não foi arada e o trator se decompôs, apodrecendo ao tempo como um cadáver mutilado.

Ainda na periferia da aldeia havia aquele tipo de mercado que há em Roma, Jerusalém, Paris e Juazeiro: venda de bugigangas tidas e havidas como lembranças. Recusei dois papagaios, uma enorme e malcheirosa manta de pirarucu salgada e cheia de moscas, um remo, um bodoque e algumas penas coloridas.

Os preços lá na aldeia ainda não estão alarmantes. Aparentemente, índio ainda não entende de dólar e desconfia da inflação, pensando que se trata de mais um truque da civilização branca para embromar a tribo. Eu podia ter levado papagaios, remo, pirarucu e penas coloridas por uma ninharia, e, embora não esteja a par do preço desses importantes itens no mercado, acredito que não estaria sendo roubado.

O diabo é que não teria o que fazer com tais e tamanhas preciosidades. Deixei-as com seus legítimos donos. Só então, já mais para o interior da aldeia, tomei conhecimento de verdadeiros índios de pele, carne, osso, penas e folhagens.

Eles realizavam uma cerimônia qualquer. Cada atalho que levava ao centro da aldeia tinha dois caras vestidos da cabeça aos pés com enormes palhas, uma fantasia que nem o Joãosinho Trinta, em seus melhores momentos, teria coragem e imaginação para bolar. Andavam de dois em dois, no mesmo ritmo, emitindo um som que mais parecia um grunhido de dor. Ignoraram a presença do branco e continuaram na deles.

De outros atalhos, de tempos em tempos, surgiam outras duplas igualmente vestidas e grunhindo o mesmo grito de dor. Iam e vinham cadencialmente, andavam e recuavam, esconjurando os maus espíritos da floresta.

Não, não era bem isso. Quando todos os atalhos estavam ocupados, descobri a razão de tantos grunhidos e passinhos pra frente e pra trás. Três índias adolescentes, quinze anos no máximo, faziam sua cerimônia de iniciação, vestidas sumariamente, uma pequena tanga feita de saco de linhagem cobrindo apenas a parte da frente – e mal.

Traziam flores nas mãos, a cabeça baixa, olhando o chão. As pernas pintadas, as coxas nuas, queimadas pelo sol da floresta. Os seios também nus – e não vou cair no lugar-comum de elogiar os seios de adolescentes índias. Elas estavam sérias, concentradas, olhos baixos, movendo os pulsos ao ritmo dos grunhidos que os machos emitiam – menos o macho que era eu, meio engasgado diante daquele espetáculo que, confesso, nem no Lido de Paris nem no quarteirão dos prazeres de Hamburgo vi igual, nem tão emocionante.

Lentamente, duas delas passaram rente a mim. Eu sabia que elas estavam inteiramente nuas na parte de trás e, por um momento, pensei em cometer a ação tão nobre do carioca quando vê mulher boa: virar o rosto e avaliar aquela região que é considerada absoluta preferência nacional.

Súbito me lembrei da advertência que me fizeram: aqueles índios ainda usavam flechas envenenadas para mostrar desagrados guerreiros e lavar ofensas morais. Imaginei que, de alguma árvore, haveria índios tomando conta daquelas donzelas e fiscalizando o branco que invadira tão sagrado território. Eu me compenetrei como se estivesse numa igreja, num velório. Não ficaria bem à minha posteridade morrer flechado por um comportamento indecente, embora, no fundo de mim mesmo, eu me perdoasse.

Lenda e realidade no azul de Positano

Não é longe para quem está em Roma: duzentos e cinquenta quilômetros apenas, pegando a estrada que vai para Nápoles, passando por Monte Cassino, nem se precisa entrar nas complicadas ruelas napolitanas, há uma estrada periférica que vai diretamente a Castellammare di Stabia.

Depois é embicar a viatura para Sorrento. Deixando a bela baía para trás, é prestar atenção às curvas da pequenina estrada que corta a rocha vulcânica, pedaços de fogo que o Vesúvio vomitou ao longo dos séculos.

De repente, imensa poça azul aberta ao sol, surgem as águas de Positano, águas históricas, foi ali que Ulisses pediu aos companheiros que o amarrassem ao mastro de seu barco, para impedir que o canto das sereias o arrastasse para o fundo das grutas azuladas.

Ainda são as mesmas, são grutas enfeitiçadas, há que se tomar cuidado para não olhar demais, se o viajante mergulhar mais fundo, nunca mais voltará a ser o mesmo. Positano é o encontro da lenda com a realidade simples, extraviada dos roteiros turísticos, uma vila de pescadores derramada pelas fendas da montanha, uma única rua que sobe e desce pelas encostas, presépio e castelo, foi ali que John Steinbeck parou e ficou repetindo, como o corvo de Poe: nunca mais!

Esse podia ser o lema para a cidadezinha que os etruscos já haviam usado para suas embarcações que buscavam o golfo de Ísquia. Só mais tarde os romanos descobriram que entre Positano e Ísquia havia um rochedo cheio de cabras – e Capri está ali mesmo, muralha que nasce das águas, quando Tibério tomou horror aos homens e às coisas, ali se isolou. E governou o maior império do mundo daquelas pedras que ainda ameaçam rolar.

Positano ficava à margem da rota imperial que mantinha Tibério ligado a Roma – até hoje ainda está fora de rota. É preciso silêncio e paz para descobrir cada dobra da montanha que mergulha no azul das águas estouradas dos seios das sereias – bem em frente ficam as duas pequeninas ilhas que os etruscos já conheciam como ilhas das Sereias.

A melhor maneira de se chegar a Positano é ir. A vila, em si, é uma ladeira de casas encostadas umas nas outras e todas nas rochas vulcânicas, descendo em direção ao mar sempre azul, um azul forte, profundo, águas temperadas, nunca estão frias, mesmo no inverno parecem guardar um pouco do calor ali deixado pelas pedras incandescentes, vomitadas pelo vulcão.

Olhada apressadamente, a vila poderia se confundir com qualquer outra do gênero que tornou clássico o Mediterrâneo. Se não fossem as ladeiras, poderia parecer uma Mykonos na vertical, debruçada sobre o mar.

Não há comércio forte, nem mesmo aquele insuportável mercado de suvenires que infesta outras localidades próximas, como Amalfi, onde não se pode andar nas ruas sem pisar em cinzeiros e vasos que fazem o grosso do interesse turístico. Lá embaixo, perto da praia, há um comércio cafona, mas na parte de cima predominam butiques, algumas sofisticadas, tudo pequeno – afinal, a vila não quer abafar ninguém, e Sorrento não fica distante, lá o comércio é maior.

Mas visitar a região para comprar alguma coisa é um sacrilégio. O bom de Positano é que parece realmente um limite, um ponto de não retorno. Como Steinbeck, acima citado, o viajante logo percebe que chegou aonde nunca pretendera chegar, que dali em diante tudo o que virá e verá não importa, nem mesmo a bela gruta Esmeralda. É bem maior do que a gruta Azul, em Capri, mas não tão bela. É silenciosa, pode-se entrar ou sair independemente das marés.

Em Positano, o tempo não tem idade. Pode-se participar de tudo, do mar, da paisagem, do nada que acontece – é o lugar onde mais o nada acontece. E esse tudo, esse nada é grátis, ninguém está ali por obrigação ou fastio, todos estão ali porque não há nada mais a ver ou a fazer. A eternidade pode durar uma semana – todos percebem que era ali que se queria estar e ser.

Comida farta, colorida, festim de cheiros, muitos pratos vindos do mar, com o gosto forte e sensual das águas inundadas de sereias. Muita fruta, a tradição dos vinhos brancos e suaves, bons para ser tomados entre um mergulho e outro.

E, quando a noite cai, as luzes de Positano se acendem de um lado. De outro, as luzes de Praiano tremem, iluminando as enseadas marcadas por antigas torres sarracenas. Os barcos que chegam de Capri procuram abrigo na marina que avança para as águas. O zimbório do pequeno domo ainda brilha em seus tons esverdeados e negros. O sol deixou na pele de cada um o gosto áspero que combina com a suavidade da noite.

Alguns pescadores teimam em se afastar, buscam as duas pequeninas ilhas das sereias – nenhum deles chegou a ler Homero, mas todos sabem o que aconteceu a Ulisses: pediu que o amarrassem em seu barco para não mergulhar nas águas habitadas por mulheres nuas e fosforescentes que o chamavam. O forasteiro – que veio pela manhã – sente de alguma forma o mesmo apelo. Vindo de muito longe ou de perto, ele sabe que finalmente chegou.

No caminho da Mancha, contra moinhos de vento

Desde criança, quando li a adaptação feita por Monteiro Lobato, achava que dom Quixote estava certo: ele não combateu moinhos de vento, mas gigantes de verdade. Mais tarde, li o original e volta e meia retorno a ele, para distrair o espírito e tentar aprender alguma coisa. Tenho sempre a mesma sensação: ele estava certo.

Outro dia, vi por acaso um trecho do *Dom Quixote* com o ator preferido de Buñuel, Fernando Rey. Era justamente a cena em que ele vai atacar os moinhos de vento, apesar dos conselhos contrários de Sancho Pança.

Mais uma vez, senti que ele estava certo. E nas duas vezes em que percorri a Andaluzia, de carro, passando pelos mesmos sítios de Quixote, volta e meia me surpreendia com um vulto negro, destacado de alguma pequena elevação naquela terra plana. Às vezes era um moinho mesmo, às vezes o outdoor de um touro ou de outro apelo comercial.

E, por Júpiter, embora sem interesse em fazer justiça, em corrigir o mundo e salvar a dama dos meus sonhos, por um instante ficava em dúvida: era um moinho mesmo que lá estava, à distância, ou seria um gigante, enorme e solitário, guardando o horizonte, desafiando-me para um duelo absurdo, eu procurando tudo, ele guardando o nada?

Alguns quilômetros adiante, a silhueta do moinho ou o retângulo do anúncio devolvia a banalidade do mundo real. Mas logo após, novamente se formava a miragem e a dúvida. Daí que a cada susto eu dava razão ao cavaleiro da triste figura. Ele via gigantes, ele enfrentava gigantes. Não tinha culpa de feiticeiros solertes transformarem seus inimigos em moinhos de vento.

Primeiro, ele andava montado num pangaré, que não devia ser tão veloz quanto o BMW que eu alugara em Madri para ir até Málaga. Quixote teria mais tempo para a dúvida. Segundo, ele tinha uma missão, sabia que o mundo estava errado, havia pobreza, violência, tristeza, prepotência, e havia a mulher pela qual valia a pena lutar e morrer. Tudo isso junto, mais a perspectiva da planície nua, com aquelas sombras escuras na linha do horizonte, formavam em suas retinas exaltadas o gigante – e, pior do que o gigante, o Inimigo, fosse ele um moinho de vento ou um gigante de verdade.

Meu caso era mais banal. Eu ia para Toledo, Granada, Sevilha, Córdoba, rever catedrais fantásticas, mesquitas lavradas e transformadas em naves católicas, enfrentar *paellas* com gosto de Mediterrâneo e o vinho encorpado, que compensa o adocicado daquelas uvas morenas, enfim, meu roteiro, minha peregrinação pelo mundo era pequeno-burguesa, vulgar, pouco estava ligando para a justiça, para a feiura e a miséria do mundo.

Quando me aproximava do moinho, achava graça de mim mesmo, mas absolvia Quixote. Perto de uma cidadezinha chamada Mora, cheguei a parar o carro diante de um dos moinhos. Uma ligeira brisa movimentava suas pás, vagarosamente, numa preguiça artesanal, aparentemente inútil.

Se eu não estivesse bem alimentado, bem motorizado e, sobretudo, bem alienado, pensando em chegar a Málaga na semana seguinte, pegar o navio e voltar para casa, na certa eu teria uma perspectiva mais real daquele moinho destacado no horizonte, como a sentinela de um mundo misterioso e cruel, onde prevalecem todas as injustiças e todas as dores da condição humana.

Nunca vi um gigante, nem mesmo nos circos de minha infância. Um ou outro galalau que se apresentava como gigante nos picadeiros daquela época era menor do que um jogador de basquete dos dias de hoje. Mas tudo na vida e na visão é questão de perspectiva. É preciso saber olhar, compreender os sinais.

Quixote sabia que o mundo estava errado. Não precisava ter lido muitos livros para descobrir o engano e o embuste do mundo. Aliás, não lia filósofos, nunca ouvira falar em Schopenhauer, em Kierkegaard, em Nietzsche, em Heidegger, nunca lera nem mesmo o Eclesiastes, que é um anúncio de todos eles. Lia os folhetins da época, as novelas das oito daquele tempo de comunicação escassa.

Mesmo assim, sabia onde estava o Mal. Se ficasse em casa, no bem-bom que seu escudeiro tanto louvava, não seria um homem, seria uma coisa, um moinho sem vento e sem grandeza, imóvel, pascácio.

Daí que resolveu pegar sua adarga e seu Rocinante, armar-se cavaleiro e partir pelos caminhos para enfrentar os gigantes que conservam o mundo tal como é, com suas injustiças, seus oprimidos, suas donzelas ameaçadas.

Ele não enfrentou moinhos de vento. Enfrentou os gigantes que todos conhecemos, que existem em toda parte, que estão sempre na linha do horizonte, como uma advertência, um apelo ao bom-senso da vulgaridade humana: "Não venham que não tem, fiquem na sua, passem ao largo, não me enfrentem, porque, durante a luta, me transformarei em moinhos de vento, vocês ficarão enlouquecidos e tudo continuará na mesma".

Foi o conselho que segui. Atravessei a Andaluzia, deixei o carro em Málaga, comprei umas garrafas de vinho muito doce, tomei o navio e deixei para trás a vontade de ser um homem louco, embora melhor.

Roma, a filha da loba

Não é grande a cidade. Seus palácios e vilas, suas igrejas e mármores cabem em poucos quilômetros quadrados. Andando a pé, sem pressa, pode-se ir de uma colina a outra, de São João de Latrão a São Pedro em pouco mais de uma hora. Comparada a Paris, é uma aldeia. Comparada a Nova York, um buraco velho, descascado e sujo. Mas nenhuma outra obra coletiva feita pela mão do homem possui a beleza e merece a glória da cidade eterna, cabeça do mundo. Todos os caminhos levam a Roma. Quem tem boca vai a Roma. Roma não se fez num dia. Roma falou, a causa acabou.

Roma apresenta-se em sucessivas camadas. Há a Roma dos etruscos, a dos latinos, a dos césares, a dos papas, a do Risorgimento, a Roma fascista de Mussolini e até mesmo a Roma da *dolce vita*. Tal como está, ela oferece um visual em que ainda predomina o barroco do napolitano Gian Lorenzo Bernini. "Roma Bernini ha fatto": Roma foi feita por Bernini. Antes de Bernini, houve a Roma de Paulo III, Sisto IV, Júlio II e Leão X, a Roma renascentista que lançou o formato de cidade em seu aspecto atual. Bernini e os barrocos que o antecederam e o seguiram foram apenas os decoradores dessa estranha cidade, símbolo do paganismo e do cristianismo, da força e do direito.

Bernini está para Roma mais ou menos como o Aleijadinho está para Ouro Preto: esbarra-se em suas obras em todos os cantos, dentro e fora das igrejas, nas fontes das praças, nos museus.

Foi em Roma que o florentino Michelangelo deixou algumas de suas obras mais notáveis (o *Moisés*, em São Pedro in Vincoli, e uma de suas *Pietàs*, a mais famosa, em São Pedro). E a cidade continua dominada pela sua impressionante cúpula, que arremata e dá sentido à Basílica de Bramante e Maderno.

Andar em Roma é andar pela história. Na Fontana di Trevi, Anita Ekberg tomou o banho que se tornou um logotipo dos anos 1960. No presbitério e na abside de São João de Latrão, foram convocados concílio e cruzadas.

Do outro lado do Tibre, a grande massa ocre da Tumba de Adriano, o imperador que desejava um mausoléu para ninguém botar defeito. Mas botaram: virou fortaleza dos papas, funcionando como guarita do Vaticano, com um corredor subterrâneo – essas coisas combinavam com o clima medieval. Nas lutas do Risorgimento, foi prisão estatal: o terceiro ato da *Tosca* tem como cenário o terraço do atual Castelo de Sant'Angelo, onde Mario Caravadossi canta "E lucevan le stelle" e de onde Tosca se atira para a morte.

Quem a vê pela primeira vez fica chocado com a agressividade do tempo, que desbotou paredes e palácios, corroeu monumentos de travertino e carrara. À noite, as lâmpadas são fracas, dão a impressão de iluminar uma imensa, uma embaciada estação ferroviária do interior. Os mais apressados ficam decepcionados e voltam para Londres, Paris ou Nova York, onde afinal encontram o que merecem.

Repetindo César, que atravessou o Rubicão para possuir Roma, todos precisam vencer um gargalo, um obstáculo mais espiritual do que físico para dominarem a cidade. (Rubicão, na verdade, é um acidente geográfico pouco mais largo do que o rio Maracanã.)

Só depois de possuir Roma e, como um César de galochas, violentar Roma, pode o homem compreender um dos sentidos de seu destino. "*Alea jacta est.*"

Roma fica melhor quando nos envolvemos em seus mistérios, que ali estão abertos, expostos como fraturas da história. Ela impressionou homens refinados como lorde Byron, Goethe, Stendhal, e um provinciano como Fellini. Filha de uma loba, ou filha da deusa Rea Selva, a cidade era um pontinho no mapa do mundo antigo. Na via dei Fiori Imperiali, entre o Coliseu e o monumento a Vittorio Emanuelle, há uma sucessão de mapas em alto-relevo. No primeiro mapa, um ponto branco assinala a aldeia que nascera de deusas e animais em conúbio com etruscos e itálicos – quem faz sucesso na vida tem origem controvertida.

Nos mapas seguintes, o ponto branco vai crescendo, até atingir todas as terras banhadas pelo Mediterrâneo, o *mare nostrum* que era deles mesmo, romanos que brigavam pra valer, mandavam suas águias e seus centuriões para conquistar o mundo, cortavam a mão direita dos vencidos a fim de que não mais pegassem em armas contra a metrópole.

E, quando não havia guerra, inventavam combates nas arenas, leão contra cristão era um Fla x Flu que dava excelente renda. E as bigas tanto correram pelas vias Ápias que até foram parar no *Ben-Hur* de Hollywood, todos já vimos esses filmes. São Cristóvão é o padroeiro dos motoristas de táxi. Em Roma, o padroeiros deles é Ben-Hur.

A cidade é um enigma: ou se decifra o monstro ou o monstro não devora ninguém; faz pior, deixando o cara vivo, mas sem entender. Os romanos sempre falam mal de tudo, o trânsito é louco, as paixões, tremendas. Daquela sacada do Palazzo Venezia, um homem gordo e calvo dizia que tinha dois bagos enormes, o papa abençoa a cidade e o mundo, "*un certo cardinale*" passa em seu Fiat prateado, turistas fazem compras na via del Corso.

E, quando a noite cai, nas tascas do Trastevere o *cameriere* deixa a bandeja na mesa do freguês e canta, a língua trêmula na enorme boca, uma canção que sempre fala em chuva, em amor traído, em pernas de mulher amada, ameaçando com o seu folclórico tesão possuir o mundo, o Sol e todas as estrelas – *causa finita est.*

Jerusalém, a cidade do homem

Dizem que a imagem vale dez mil palavras e dez mil imagens valem pouco diante da verdade. Jerusalém coberta de sol, coberta de pedras e de história, é a única cidade do mundo onde o homem – qualquer homem – pode se sentir em casa. Ela não tem muito a ver com o resto de Israel ou do Oriente Médio. Não foi entroncamento comercial nem posto estratégico para as guerras. Era apenas – no tempo de Davi, que a conquistou para os judeus – uma cidade bonita. Vida, paixão, morte, ressurreição e glória ali fizeram cenário para diversos dramas e gostos.

Paradoxalmente, uma cidade velha ainda está jovem, esperando o seu futuro. Assírios, persas e romanos ali não deixaram pedra sobre pedra. Mas hoje as pedras continuam, umas em cima das outras, provando a obstinada sobrevivência do homem.

A chegada a Tel Aviv não me emociona. Todos os aeroportos e todas as estradas se parecem, e não há nada que me identifique com a cidade, igual a tantas outras. Pensar que há setenta anos não havia nada naquelas areias, apenas as tendas pioneiras dos judeus que ali se fixavam, lançando suas cabeças de ponte para a epopeia da construção de Eretz Israel – também não chega a me abalar.

De uma forma ou de outra, muitas cidades surgiram assim e cedo se transformaram em metrópoles. O hotel é confortável, padrão internacional, eficiente, bem operado. O mar está perto, um mar cheio de história, de aventura e tragédia. Dali saíram os barcos fenícios e os navios de Salomão para cruzar os oceanos do mundo. Ali chegaram, não faz muito tempo, carregados nos braços mais jovens, os velhos judeus que conseguiram sair dos campos de concentração dos ingleses. Isso, sim, começa a me esquentar.

No boulevard Dizengoff se pode comer uma boa pizza, melhor do que em qualquer *trattoria* de Nápoles – onde, por sinal, continuam a se fabricar as piores pizzas napolitanas do mundo. Mas, evidentemente, eu não percorri tantos caminhos para vir comer pizzas nas calçadas do Dizengoff.

Ou ouvir Charles Aznavour cantar numa boate de Yafo – o bairro antigo que hoje se incorpora à cidade, guardando em suas pedras e fortalezas o testemunho do tempo e o esplendor que não mais precisa voltar. O problema agora é outro.

Por tudo isso, o melhor que faço é pegar um carro no dia seguinte e me mandar para Jerusalém. Não é longe, menos de uma hora pela estrada que corta os campos floridos. De vez em quando, como monumentos esparsos e desintegrados (na paisagem e em si mesmos), a carcaça de um tanque ou de um carro de combate, lembrando ao viajante que aquela estrada, aquela terra e aquele povo não estão ali por acaso ou pela complacência dos outros: ali rolaram as esteiras de tanques, procurando esmagar o pequenino estado desde o dia de sua fundação.

Em Israel, a palavra que mais se fala é *shalom* (paz) – mas a presença da guerra é a mais constante. Fantasma visível, de dia e de noite, a guerra se abriga em cada casa, em cada corpo, em cada cabeça.

Uma guerra geral, da qual todos são obrigados a participar e a chorar – pois em Israel não há a instituição cômoda do "soldado desconhecido" que merece túmulo e lâmpada votiva. Todos os soldados são conhecidos. Em nenhum lugar do mundo a guerra é tão detestada, principalmente quando todos sabem que ela é articulada longe dali, não exatamente em Golã ou em Suez, mas em lugares bem mais distantes e estranhos.

O carro começa a subir, e de repente Jerusalém surge, em cima das colinas, dourada por um sol absurdamente luminoso. Afinal, cheguei. Cheguei de longe e agora estou olhando as pedras daquela cidade que para os judeus, maometanos e cristãos é muito mais do que um aglomerado de casas ou de história, mas uma razão de vida que justifica a esperança e explica a fé.

Homem sem fé, sem nenhuma esperança, mesmo assim estou comovido diante daqueles muros que cercam a Cidade Velha. Não sou judeu, maometano ou cristão para ali buscar a fatia de devoção ou verdade que me é oferecida, livremente, desde que Israel reconquistou a cidadela, em 1967.

Por isso mesmo, talvez, me sinto mais à vontade para curtir cada pedra, cada porta e arcada. Jerusalém não é patrimônio de um povo, de uma nação, de uma raça e muito menos de uma religião.

Por motivos muito especiais e únicos na história – em que entraram Davi, Salomão, Herodes e Cristo, Maomé e cruzados, persas e romanos –, Jerusalém ficou sendo a cidade do homem, o lar comum e quase imaterial de uma humanidade que continua dividida porque não aprendeu nem apreendeu a lição de humildade e obstinação daquelas pedras.

Como cidade temporal, ocupando um espaço físico, ela hoje pertence ao Estado de Israel – e não há melhor guardião do que o povo judeu para proteger e honrar a cidade do Templo, símbolo de seu lar antes e durante a Diáspora.

É realmente uma cidade velha. Já era antiga quando os judeus começaram a sair do Egito. Na época dos juízes, em cima daqueles morros vivia Jebus, uma espécie de rei de pequena tribo. Muitos e muitos anos depois, um jovem pastor olhava lá de baixo e contemplava aquela cidade brilhando ao sol. Um dia, já como rei, Davi a conquistou para si e para seu povo. Tornou-a capital política e militar do seu reino. E quando sentiu que o seu reino não era apenas uma mistura de cidadãos e armas, foi buscar a Arca da Aliança em Samaria.

Jerusalém então ficou completa – e para sempre. Cidade da Paz (Ierushalaim), como querem alguns, ou Paz com Jebus (Jebushalom), como querem outros. A etimologia nunca foi tão desimportante como neste caso. Jerusalém é Jerusalém e basta.

Diante da Cidadela de Davi, a primeira vontade é esquecer Herodes e Cristo, romanos e macabeus, ignorar egípcios, assírios, babilônios, persas, selêucidas, árabes, fatímidas, cruzados, sarracenos, mongóis, mamelucos e otomanos que lá estiveram e procuraram não deixar pedra sobre pedra.

Afinal, as pedras lá estão, umas em cima das outras. A eterna conquistada sobreviveu. Os sucessivos conquistadores se perderam no pó.

É bom olhar a cidade como uma criança, de olhos intactos, não corrompidos pela história, pela lenda, pelo amor ou pelo ódio. Evidente que não consigo esta pureza, não conseguida, também, por outros que lá chegaram por diversos motivos, para a guerra ou para a paz, para o estudo ou a prece.

Entro na Cidade Velha pela Porta de Yafo – e sinto um arrepio. Não é emoção, creio. Talvez seja a brisa que começa a soprar, vinda do deserto da Judeia mergulhado na tarde. Estou penetrando, afinal, num dos ângulos que formaram o triângulo do Ocidente, daquilo que, bem ou mal, formou o meu gosto, a minha miséria, a minha glória.

Atenas e Roma são outros ângulos do mesmo triângulo, mas Jerusalém é a base e, em certo sentido, é também o fim. Para um ateu bem sedimentado como eu, o problema religioso é assunto acadêmico. Não me interessa ir ao Muro lamentar as pedras que não tive, nem ir às mesquitas orar em direção a Meca, que nada tem a ver comigo. Nem me ajoelhar no sepulcro de um homem que tentou me salvar à toa, porque não me salvou. Pode parecer egoísmo, e é mesmo: Jerusalém é o homem diante de si mesmo e de sua cidade, de seu passado, de seus fracassos pessoais e coletivos, de sua obstinada e desnecessária sobrevivência.

Pode não haver paz absoluta na cidade, mas há liberdade – e descubro que o mesmo vale para todo o Estado de Israel. A paz está permanentemente ameaçada, e isso já é um pouco de guerra. Junto à Porta de Damasco, naquele complicado e colorido labirinto de mercadores árabes, há um retrato de Nasser emoldurado e iluminado, provocando a patrulha israelense que faz a ronda de rotina. Os jovens soldados sabem que aquele homem queria afogar todos os judeus no Mediterrâneo.

Não é Nabucodonosor nem Tito, nem Baltasar nem Antíoco Epifanes, é um coronel egípcio dos nossos dias. Os árabes veneram livremente o seu líder, os judeus passam ao largo, as armas são inúteis para reprimir a provocação silenciosa, mas suficientes para manter o momento de paz.

Uma paz assim, efêmera e frágil, não vale muito. Mas vale a liberdade. O compromisso do judeu com a liberdade nasceu praticamente com o seu grande instante nacional: o Êxodo, a travessia do mar Vermelho, a noite do Pessach. Aquela noite, diferente de todas as outras noites, em que um povo abandonou com seus pães não fermentados a escravidão do Egito e preferiu a liberdade de passar fome e sede no deserto.

Um exemplo, de resto, que foi dado à humanidade – como outros que os judeus já deram –, mas que não foi aproveitado, nem mesmo pelos judeus. Quando andei preocupado com o problema da liberdade dos outros (a minha, eu a mantenho com truques que não aprendi na escola), escrevi um livro a que dei o título de *Pessach: a travessia*.

E é esta liberdade quase fisiológica que sinto ao caminhar pelas ruas estreitas e oprimidas de Jerusalém. Esbarro com árabes que andam apressados para chegar às mesquitas, que a tarde cai e a prece precisa ser dita. Uma freirinha da Coreia me perguntou onde fica a "via Dolorosa".

Tenho vontade de responder: a via Dolorosa começa em Lins de Vasconcelos, passa pela Pennsylvania Avenue, em Washington, pela praça Vermelha, em Moscou, pela praça Pigalle, em Paris, e morre na rua onde a senhora vive. Ela não compreenderia. Mas, até certo ponto, eu compreenderia essa salada de endereços e caminhos. A freira segue por um dos muitos becos – que, ali, todos têm saída.

No dia seguinte, comecei uma longa viagem por Israel: desci ao mar Morto, cruzei o Neguev, visitei os *kibutzim*, falei com muita gente, fui às universidades, aos centros de pesquisas, provei excelentes laranjas e *grape-fruits* nascidas no deserto, molhei as mãos no rio Jordão, vi o dia amanhecer sobre as águas do Tiberíades, fotografei o monte Hebron, estive rapidamente no Líbano, onde ouvi as explosões da guerra mais idiota do momento – sem esquecer que todas as guerras são idiotas. Tudo isso foi muito bonito e trágico, me deu muito pano para meditar e agasalhar.

Mas Jerusalém – pelo menos naquilo que me toca – nada tem a ver com isso. Ela concretizou a mensagem que gregos e romanos tentaram aperfeiçoar, estragando-a e adaptando-a a seus usos e gostos. Tampouco a mensagem primitiva, tal como os judeus a preservaram ao longo dos séculos, me basta e consola.

Afinal, nem Jerusalém conseguiu salvar o homem. Mas ela ali repousa, não como um corpo imóvel em seu túmulo de pedra, mas como um embrião que ainda não deixaram crescer. O embrião que talvez contenha o segredo de nossa explicação. Ou, ao menos, de nossa justificação.

Bem sei que esta é uma maneira particular e radical de ver e curtir Jerusalém. Mas era assim que desejava vê-la. Por acaso, ali cheguei numa sexta-feira. Pela ruas estreitas da velha cidade aparecem judeus ortodoxos, vindos do Mea Shearim. Tal como os árabes, eles também estão apressados, querem dizer suas preces diante do Muro que, de repente, sem que o procurasse, aparece à minha frente. Em cima dele, a abóbada dourada da Mesquita de Omar está quase opaca. Em algum ponto do céu que se estende sobre o deserto da Judeia, a primeira estrela brilha, anunciando o início do Shabat.

Dos muitos minaretes em torno do Muro, os moazins lançam suas preces num misto de choro e imprecação que não compreendo nem chego a perceber direito. Pois, de algum canto, um sino acaba de tocar o Angelus, o anjo que anunciou o nascimento de Cristo. Muito barulho para uma hora de paz. Mas poucas vezes um homem pode dizer que se sentiu tão livre quanto eu, naquele lugar, naquele momento – e por tantos motivos.

REFLEXÕES

Enquete

Volta e meia somos chamados a dar entrevistas e a responder a enquetes. Há uma falta de assunto generalizada na praça, e, além do assunto, falta importância. Para tapar as duas faltas, qualquer cretino serve para responder ou perguntar qualquer coisa. E assim é que, há tempos, uma revista de nome *Chuvisco* pretendeu que eu respondesse a uma proustiana. Proustiana é uma bolação do próprio e anda muito em voga entre aqueles que nunca leram Proust. Resume-se a uma série de perguntas razoavelmente estúpidas e indignas de terem saído da cabeça ilustre que nos deu Swann.

Respondemos pois à proustiana, e como deitei sabedoria e sinceridade, creio que devo dar maior divulgação ao acontecimento.

Eis:

1) Qual é para você o cúmulo da miséria? – Trabalhar.
2) Onde gostaria de viver? – Onde vivo.
3) Qual seu ideal de felicidade terrestre? – Não fazer nada.
4) Quais as faltas que merecem a sua indulgência? – As minhas.

5) Quais os heróis de romance que prefere? – Não prefiro nenhum herói de romance.
6) Qual o seu personagem histórico preferido? – Herodes.
7) Suas heroínas na vida real? – Minhas filhas.
8) Seu pintor preferido? – O Bastos, José Bastos, da ilha do Governador, que pinta barcos, velas abertas ao mar, pôr do sol etc.
9) Seu músico favorito? – João Gilberto.
10) Que qualidade prefere no homem? – A distância.
11) Que qualidade prefere na mulher? – Aquela.
12) Sua ocupação favorita? – Não fazer nada.
13) Que gostaria de ser? – Tenor.
14) Qual o principal traço de seu caráter? – Não procuro ter caráter.
15) O que mais aprecia em seus amigos? – O fato de serem meus amigos.
16) Seu principal defeito? – Todos os meus defeitos são principais.
17) Seu sonho de felicidade terrestre? – Ser cavaleiro da Ordem Equestre de São Silvestre.
18) Qual seria para você a maior desgraça? – Acreditar em qualquer coisa.
19) Que cor prefere? – Verde.
20) Que flor mais aprecia? – Não aprecio flores.
21) Que pássaro mais aprecia? – Não aprecio pássaros.
22) Seus autores preferidos em prosa? – Alguns.
23) Seus poetas preferidos? – Não prefiro nenhum poeta.
24) Seus heróis e heroínas na vida real? – Não entendi a pergunta.
25) O que mais detesta? – O trabalho e algumas virtudes.
26) O fato militar que mais admirou? – Minha dispensa do Exército.
27) Como gostaria de morrer? – Não gostaria de morrer.
28) Sua divisa? – Não ter nada. Dever muito. O resto deixar para os pobres.

A mesma revista andou publicando proustianas com outros vultos mais ilustres e austeros. Foram registradas respostas realmente preciosas. Lembro um cidadão que tinha por divisa: "*Ad astra per castra*". E outro que ameaçava:

"Fazer o bem ainda que receba o mal". No fato militar que mais admiraram estão relacionadas desde as batalhas da Antiguidade (Salamina, Termópilas e Farsália) até a de Dunquerque e a do Riachuelo, essa provavelmente de algum nacionalista fanático.

Em tempo: ninguém precisa se alarmar com a minha extravagante ambição de ser tenor. Posso cometer vários crimes, incendiar cidades, degolar criancinhas, profanar cadáveres, mas cantar ária, esse crime não o farei.

A alma e o seu preço

"Passou a infância catando lixo nas ruas de New Brunswick, no Canadá. Aos vinte e dois anos comprou um antigo teatro de variedades em Haverhill, Massachusetts. Aos trinta anos era o maior salário dos Estados Unidos." Esta é a rápida sinopse da biografia de um dos magnatas de Hollywood, o semianalfabeto, truculento, lendário e genial Louis B. Mayer, o homem da Metro e daquele leão que até hoje ainda ruge num logotipo que rendeu bastante dinheiro e Gene Kelly cantando na chuva.

Pulando de Massachusetts para o Lins de Vasconcelos, comparo o sucesso dele com o meu fracasso. Não catei lixo pelas ruas do Cabuçu. Aos vinte e dois anos, catava notícias e apurava como podia os fatos miúdos do dia a dia naquela que foi a profissão de meu pai e seria a minha. Hoje, passados tantos anos, continuo sem compreender o intrigante hiato existente na biografia da maioria dos milionários, Louis B. Mayer entre eles. De catador de lixo na infância, mal saído da adolescência já tinha dinheiro para comprar um teatro.

Talvez o lixo do Canadá seja tão rico e fecundo que dá para esses lances. Aqui no Brasil é diferente, o nosso lixo deve ser ruim mesmo, seus catadores atravessam a vida e morrem na pior. Volta e meia medito sobre as razões que me impediram de ganhar os milhões de dólares que nunca tive. Uma dessas razões, seguramente, é que não catei lixo na infância.

Citei o caso de Louis B. Mayer, poderia citar o de Aristóteles Onassis. Esse não catou lixo, catou pontas de cigarro em Buenos Aires e, no final da vida, tinha dinheiro para pagar cinco noites por ano com a viúva da América, também conhecida como Jacqueline Kennedy. Outro magnata, John D. Rockefeller, não nasceu rico nem dono de poços de petróleo. Em menino vendia perus – guimbas e perus que ficaram faltando em minha obscura biografia e na desoladora modéstia de minha conta bancária.

Menino da classe média carioca, tive bolas de futebol Sparta número 5, patins, bicicleta Philips e um trenzinho de corda que me dava um baita *status* entre os guris da vizinhança. Eram os sinais exteriores de uma situação que, antigamente, merecia o nome de "remediada". Ou seja, cheia de remédios para sobreviver sem necessidade de catar lixo, guimbas de cigarro e vender perus. Não podia ir muito longe.

Aos vinte anos podia recitar trechos de Homero, sabia latim, tinha intimidade com a literatura patrística, mas não sabia tomar um bonde. Fui ganhar o piso salarial de reportagem, que era mais um piso do que um salário. Recentemente, num desses programas de perguntas e respostas, quiseram saber se eu já estava rico. Respondi que continuava remediado, ou seja, cheio de remédios que tomo pela manhã e à noite para controlar complicado metabolismo cuja deplorável função é me manter vivo.

A pergunta seguinte foi mais grosseira: "E por que eu não tinha enriquecido?". Bem, em primeiro lugar, não tinha a obrigação de enriquecer. Além disso, a riqueza nunca foi uma prioridade, um objetivo na vida. Foram respostas calhordas, reconheço. Deveria ter dito que nunca vendi perus nem catei lixo nas ruas. Teria sido mais honesto e verdadeiro.

Deixei assim de cumprir uma das regras essenciais para a profissão de rico. Restou-me, é verdade, aquela apelação do dr. Fausto: vender a alma – e bem que tentei. Lembro do dia e das circunstâncias, só não lembro o motivo específico que me levou a momento tão transcendental. Talvez tenha sido um pedaço suplementar de torta de banana – minha sobremesa preferida na infância – ou deixar de tomar um purgante. Antigamente, os purgantes eram letais, quem resistisse ao gosto abominável era um herói e merecia ser salvo.

Creio que não pedi um preço extravagante, propus o negócio em módicas bases. Procurei ser honesto, avaliei com seriedade o patrimônio de que dispunha, evitei superfaturar-me. Infelizmente, o demônio não se deixou embrulhar. Sabia que a minha alma não valia o pedaço da torta de banana. Ou a colher com o purgante letal.

Sabendo-me dono de um bem desvalorizado, em situação mais ou menos idêntica à da Vale do Rio Doce, que está para ser vendida, o demônio não se mostrou muito interessado na transação. Para que gastar munição a fim de ter uma alma que, mais cedo ou tarde, cairia em suas mãos por gravidade?

Não me deu o ar de sua presença e de seu enxofre – e eu bem que aspirei o ar do Lins de Vasconcelos para ver se ele aparecia com a torta na mão, quentinha, untada de manteiga. Achou, com boas razões, que aquela alma seria dele de graça e nada fez para me comprar. A alternativa que me restou foi a de continuar vivendo, sem muita convicção nem motivo, mas com a última esperança a que me permito: a de não terminar a vida catando lixo aqui na Lagoa nem sendo obrigado a vender perus.

Autorretrato

Até hoje, quando me olho ao espelho, fico assombrado. Então, eu sou aquilo que aparece escovando os dentes, fazendo a barba, verificando o estrago do tempo nos olhos? Sempre fui assim? Ou fui pior ou melhor?

Quando escovo os dentes, por exemplo, sinto o gosto da infância que nunca foi embora, que me persegue e, em certo sentido, me ameaça. Não pedi para nascer e muito menos para crescer. Não tenho nada com o adulto que substituiu a criança espantada diante do mundo, gostando do mundo e temendo-o. Fugindo do mundo e querendo ser dele.

Não sou nostálgico, tenho até aversão aos nostálgicos. Sou melancólico – o que é outra coisa, apesar de parecida. Em criança, gostava das histórias em que um menino partia para conhecer o mundo, envolvia-se com os outros, o gigante que morava no castelo, o duende que morava na floresta, a bruxa de olhos verdes que tinha um cesta de maçãs (como na história da Branca de Neve), a fada que não tinha rosto, silhueta apenas, que apesar de tudo me protegia. Gostando ou não dessa gente, eu não perdia a noção de que estava cumprindo um destino, uma missão: conhecer o mundo. Um dia voltaria para dentro de mim, farto dos outros, farto de mim mesmo. A busca transformou-se num retorno – por isso, talvez, minha atividade mais constante é escrever. Um gesto tão infantil como o de escovar os dentes, sentir na boca o gosto da espuma crescendo. Um rito infantil que talvez nunca tenha mudado, é sempre o mesmo.

Daí a pouca ou nenhuma importância que dou ao adulto que me sucedeu. É um farsante. Finge levar a vida com a seriedade possível, mas está louco para que a missão acabe e ele possa voltar a ser o menino que cresceu contra a vontade. Por isso, foi mudo até os cinco anos, não conseguia pronunciar nenhuma palavra, nenhum som articulado. E, quando falou, falou errado. Trocava as letras, até os quinze anos tropeçava nas palavras. Fez testes (científicos na época) para avaliar o grau de sua dormência mental. No fundo, ele até que se distraía: falar errado ou nada falar era um recurso para não assumir a vida que não quis nem pediu.

Até que fingiu bem. Entre mortos e feridos, teve seus momentos. Mais do que merecia ou precisava. Mesmo assim, nunca soube aproveitá-los. Aos outros, sempre deu a impressão de não estar ali, de estar indo para outro lugar, aflito para ir embora e chegar a um lugar indeterminado onde não é esperado. Mas não importa. A convulsão de ir e de nunca chegar é um truque que ele aprendeu sem querer.

Seria impossível viver sem esse truque. O menino mudo até os cinco anos só falou quando levou um susto. Sua primeira palavra foi um grito. Prometeu-se nunca mais gritar, ainda que o preço do não grito fosse a palavra finalmente falada ou confusamente escrita. O menino encontrou um ofício mas não um destino.

A fuga e o gesto

Andei meio exausto semana passada, muito calor aqui no Rio, e estou iniciando um novo livro que, desde já, sei que me dará trabalho. Tomaram minha exaustão como depressão e me aconselharam desde dietas orientais a excursões ocidentais para distrair o espírito e regalar o corpo.

Sim, por que não? Na geração de jornalistas à qual meu pai pertenceu, todos tinham um sonho comum: comprar um sítio em Jacarepaguá e criar galinhas. Quando ficavam exaustos ou deprimidos, agarravam-se a essa esperança avícola, "um dia largo tudo e vou criar galinhas em Jacarepaguá!". Do editorialista principal ao mais obscuro repórter de setor, todos tinham o consolo: se a barra pesasse demais, a solução era criar galinhas. A única variante era a criação de coelhos, e tive colegas que se tornaram cunicultores, até que com excelentes resultados.

Não tenho vocação agrária, sofro de torpor pastoral, a visão de uma vaca me dá um tédio letal. De maneira que não será por aí que curarei minha exaustão ou depressão. Tampouco aprecio o Oriente e me lixo para seus remédios e processos de cura.

De maneira que só me resta mesmo fazer o que sempre fiz: pegar a mala, dizer adeus e ir embora. Sempre adiei minhas fugas. No seminário, volta e meia imaginava uma fuga espetacular, até hoje estariam me procurando pelo mundo. Terminei saindo pela porta da frente, com professores e colegas me levando até o portão.

Também tentei fugir das prisões em que me meteram, não deu pé, só saí delas depois da leitura do boletim e do toque de clarim.

Fugitivo fracassado, mesmo assim ainda não perdi a esperança. Criar galinhas e coelhos, jamais! Agora, arrumar meus trecos numa valise, pegar um avião e ir ao encontro do destino (do resto de destino que me cabe) é um apelo que me perturba, um rito que me deslumbra. Não importa o que vá encontrar: terei de volta a verdade e o sabor do meu gesto.

RELAÇÕES

Sinal verde de Santa Clara

Levanta os olhos da máquina e, de repente, vê a folhinha: 22 de fevereiro. E fica admirado de nada ter acontecido, no mundo ou em si mesmo. Dez horas da noite já, o telefone é inútil, mas arrisca. Custa a lembrar o número, precisa fechar os olhos e imaginar o apartamento, as poltronas de couro, a estatueta em cima da vitrola. Então o número surge, intacto, de seus escombros.

Não está em casa. Pensando bem, é melhor assim. Fizera a obrigação, telefonara, ela é que estava errada – mais uma vez errada. Há três anos, haveria motivo para um pifão introspectivo. Mas agora não há nada. Apenas uma interrupção em seu trabalho.

Voltou à máquina. Glenn voou em torno da Terra, em Inhaúma um sujeito tentou profanar cadáveres, um cidadão enlouqueceu e queimou a mulher com querosene. Esse é o seu 22 de fevereiro de hoje. E sente-se sórdido por ter mudado tanto e por ter aceitado, placidamente, mudar tanto.

Enfia o paletó e tira o carro da vaga. Quem sabe um outro telefonema? Agora ela deve ter chegado. Mas é tarde, e de nada adiantará. Preferível que ela pense que esqueci, quem me garante que ela também não esqueceu? O pacto funcionara dois anos. Era uma purgação e, ao mesmo tempo, uma possibilidade. Combinaram acabar depois daquela briga, ali na esquina da Santa Clara, perto da biblioteca. Depois se sentiram ridículos brigando em plena rua, à vista de todos. E, além do mais, se amavam. Mas as palavras haviam avançado muito, e ambos eram muito orgulhosos para aceitar a humildade do perdão ou a conveniência do esquecimento.

– Sim, é melhor acabarmos.

Ela abaixa a cabeça e ele sente que realmente está tudo acabado. Mas eram tão adultos, o amor começara justamente nessa base, somos adultos, sabe, nada de criancices, sejamos profissionais, nada de amadorismos, de experiências, já passamos essa fase, esqueçamos o aprendizado, tudo o que nos aconteceu antes foi uma preparação para isso.

Mas ali estavam, como dois adolescentes, brigando na rua. Nada deu certo, nem o aprendizado – quando ela confessou tudo, ele teve vontade de abandoná-la –, nem eram suficientemente sofridos para merecer o amor adulto. Então veio a solução.

– Olha, hoje é 22 de fevereiro de 1959.

– Peixes.

– Pensei que ainda fosse Aquário.

– O signo terminou anteontem. Agora é Peixes.

– Pois seja Peixes. Começamos e acabamos no mesmo mês – até nisso fomos adultos.

– Você não é adulto, é apenas um funcionário!

– Não ofende! Estamos acabando, não há mais lugar para a ofensa.

Ela continuava de cabeça baixa.

– Olhe, nunca mais eu piso nesta esquina.

– Por quê?

– Nunca mais, ouviu? Quando tiver de passar por aqui, vou pela avenida Copacabana, não cruzarei nunca mais este sinal da Santa Clara com a avenida Atlântica.

– Isso não é nada adulto. É adolescente.

De cabeça baixa, combinaram tudo. Cada dia 22 de fevereiro, ele telefonaria para ela. Diria apenas: Peixes. A resposta seria: Peixes. Se houvesse alguma coisa a acrescentar, bastaria combinar o encontro na esquina da Santa Clara.

No primeiro ano, ele tremeu quando disse: Peixes. Mas ela respondeu firme: Peixes. No ano seguinte, ela custou a entender, pensou que fosse trote, ele teve de repetir umas cinco vezes: Peixes, Peixes, Peixes. Ela entendeu e disse um "Peixes", firme, bem adulto, quase adúltero. E agora, no terceiro ano, ele esquecera de telefonar e ela nem estava em casa, talvez estivesse em outra esquina prometendo amor adulto, e realmente estava mais adulta.

Mais só e menos conformado – não tinha queixa –, ele enfrentava a vida e tocava pra frente. Peixes. Então acelera mais forte para pegar aberto o sinal verde da Santa Clara.

A visita da jovem senhora

Não ouviu direito quando a anunciaram. Não conhecia nenhuma Tina, marcasse hora com a secretária, que saíra para o almoço. Despachada a intrusa, ele pensou que ficara livre e poderia trabalhar na parte da tarde. De repente, ela estava diante dele. Não era Tina, era Dina.

Pensou em ficar ofendido. Ela dera um jeito de driblar a portaria e subir até sua sala. Depois – depois não, principalmente –, como estava bonita! Não se viam há quatro anos, ela quisera estudar em Lyon, tinha então vinte e seis anos e fazia muitas coisas sabendo que nada fazia realmente.

Começara a trabalhar como modelo e figurante num programa de TV, descobriram que, além de bonita, ela podia encarar pequenos papéis. Fez algumas pontas em novelas, mas enjoou. Teve uma depressão daquelas, começou a ler García Lorca, Camus, Sartre. Em termos de geração estava defasada, parecia uma jovem dos anos 50.

Combinaram ir a Lyon, ele tinha um trabalho por lá, ela iria assuntar. Duas semanas em hotéis e restaurantes, Lyon parece que tem os melhores restaurantes do mundo – e ele a apresentou a uma agência. Foi contratada na hora. Despediram-se sem lágrimas – mas tiveram uma noite longa, sem espaço para o sono. Depois houve uma carta, ela dizia estar casada e infeliz. Iria a Paris brevemente, queria vê-lo mais uma vez, a última – garantiu. Ele não respondeu.

Agora, quatro anos depois, ela nem precisa falar para que ele compreenda: não está mais casada, embora continue infeliz. Ainda não decidiu o que vai fazer, mas deseja que ele saiba de sua disponibilidade. Então ele diz que não está disponível e já passou do tempo em que era importante ser feliz ou infeliz.

Tocam-se as mãos por cima da mesa. Depois ela vai embora. Ele a olha com atenção, para ver se ela atravessa as paredes, como os fantasmas. E se, como os fantasmas, ela voltará.

Trem com moça e jovem de batina

De todas as comparações sobre o amor, feitas ao longo de oito mil anos, a mais próxima da essência do sentimento que, segundo Dante, "move o Sol e as outras estrelas" é a de dois trens parados na mesma estação, mas com destinos diferentes.

Eu era muito criança, nem sabia o que podia ser o amor, li uma pequenina novela de Turguêniev que caíra da estante de livros de meu pai. A capa era atraente: o rosto de uma jovem na janela de um trem. Naquele época, eu era louco por trens, queria ser maquinista da Central do Brasil. Fiquei olhando aquela capa, não por causa da moça, mas por causa do trem.

Até que li a novela. Para a minha idade, não era grande coisa. Contudo, uma cena ficou marcada dentro de mim, foi talvez a única que entendi realmente – e ela atravessou comigo esses anos todos, nunca a esqueci. Pior: muitas vezes a revivi em causa própria. É talvez a situação mais recorrente de uma vida que pode merecer tudo, menos a classificação de novela.

Turguêniev conta a história de dois jovens que se enamoram. Um deles é casado. Por isso ou aquilo se separam, nunca mais se veem. Passa o tempo e, um dia, o jovem está num trem que para numa estação. Na plataforma ao lado há outro trem parado. Após alguns minutos, os dois trens começam a andar, lentamente, em sentido contrário.

De repente, o jovem vê, na janela do outro trem, a jovem que amou e que também olha para ele. São breves, fugazes os poucos segundos em que se olham, sem surpresa, sem dor. Ele não sabe para onde vai o trem dela. A recíproca é verdadeira: ela também não sabe para onde o jovem vai. Somente uma coisa é certa: eles se olharam e se compreenderam. Eles se amaram e se amarão sempre. Não importa o destino de cada um. O amor se realiza naquela troca de olhares, que poderá ser a última e nem por isso deixa de ser a mais amargamente doce.

Tudo que poderia ter sido e não é – eis também uma definição do amor. Ele se realiza de maneira integral nesses instantes fugidios em que as palavras não têm tempo de serem ditas, nem precisam. E que tudo se resume numa conspiração de dois seres que se olham e subitamente se entregam um ao outro de forma imaterial e breve – mas para sempre.

Como disse, eu era criança quando li a novela de Turguêniev, que se chama *Ássia* – nome da principal personagem. Eu não amara ninguém até então. Afinal, estava indo para um seminário, já superara a ideia de ser maquinista da Central e queria ser sacerdote de Deus.

Viver aquela situação seria impossível. Em matéria de amor, eu não teria futuro nem passado – como os dois jovens da novela de Turguêniev, que ao menos tiveram um passado.

Contudo, ali pela altura dos dezoito anos, fui passar férias em Rodeio, uma cidadezinha à beira da estrada de ferro. Todas as manhãs ia à missa no alto de um pequeno morro, tomava café com o vigário. Ele me pedia que descesse à estação para apanhar os jornais que vinham do Rio.

Naquela manhã, havia um trem parado, esperando que o sinal de acesso ao túnel 12 fosse aberto. Apanhei os jornais e caminhei pela plataforma vazia. Chamava a atenção dos passageiros, que olhavam aquele rapaz de dezoito anos, vestido de batina, a faixa de seda azul na cintura, o passo firme e satisfeito de quem sabia o que desejava na vida.

Súbito, numa janela do trem, lá estava a moça que me olhava. Devia ter a minha idade, ou menos. Uma tabuleta do lado de fora do vagão indicava que ela estava indo para Juiz de Fora.

Até hoje, tenho a certeza de que ela me olhara antes. Talvez nunca tivesse visto um jovem da idade dela de batina. Ainda mais de repente, na plataforma de uma estação perdida na serra do Mar. Quando senti que ela me olhava, parei de caminhar e enfrentei o seu olhar. De início, parecia apenas espantada ao ver surgir um rapaz, jovem como ela, isolado do mundo pela batina, pela faixa de seda azul que era um estigma da castidade em que vivia.

Quando notou que eu também a olhava, teve pena de mim. Pelo menos foi isso que percebi. Olhei-a mais fundamente, e ela compreendeu. Foi uma eternidade estraçalhada em segundos: o trem começou a andar, e ela foi se afastando. Afastou-se tanto que nunca mais voltou.

Eu voltei. Segui destino diferente, levei os jornais para o vigário, fiquei ainda dois anos com aquela batina, aquela faixa de seda azul, símbolo de uma castidade que eu não mais amava.

Tomei muitos, infinitos trens pela vida afora, trens, aviões, navios. Volta e meia, continuo vendo por aí um rosto que se detém na minha retina, trazendo-me aquela cena, metade vivida na novela de Turguêniev, metade vivida na plataforma vazia de uma estação, por um jovem que não se julgava com direito ao futuro e à memória.

Fim de caso num final de ano, em Roma

Haviam combinado a separação após seis anos de um caso que, além da vida comum, era um comum amor, uma carne comum e pronta para o que desse e viesse. E além da carne, a alegria comum que brilhava nos olhos dela e no riso dele, por qualquer coisa e por coisa alguma. Inconscientemente, ele sabia que vivera o melhor período de sua vida, mas o mal fora feito e a solução civilizada era aquela: a separação.

Por ironia, mais ironia do que premonição, anos antes ele fizera um romance em que a trama principal era parecida com aquele fim de caso. Um casal resolve separar-se, mas há um verão no meio. E eles decidem passar aquele verão juntos, pela última vez. Depois, que cada qual fosse à sua vida, levando os escombros de si mesmos.

No livro, a trama saíra indolor, embora carregada, angustiada demais – resultou num filme com Jardel Filho e Norma Bengell, uma amiga dele foi assistir e disse que saíra do cinema com o coração apertado, embora nada de trágico ou doloroso tivesse acontecido. Agora, na vida real, tudo seria diferente.

Quando decidiram a separação, já estavam de passagens compradas e hotéis reservados para um mês na Europa. Ele ainda jogara a dúvida no ar:

– E a viagem? Vamos devolver as passagens?

E ela olhara tudo em conjunto, olhara inclusive para ele, humilde e humilhado diante dela. E decidira:

– Não, primeiro a viagem. Depois vamos ver...

Foram ver. Era fim de ano, muito calor no Rio, embarcaram no DC-10 da Alitalia, na hora da decolagem se deram as mãos. Havia muito que não se davam as mãos. Mas na hora em que as turbinas roncaram, repetiram o rito antigo, quase mecanicamente. Aquele contato de pele contra pele foi o reinício, o início do fim de uma era.

Daí que tentaram dormir abraçados, e quase fizeram amor lá mesmo, a dez mil pés do nível do mar, enquanto na cabine escurecida os outros passageiros assistiam às aventuras do filme que estava em moda, *Emanuelle*, o sexo nas alturas, a música que ficou também em moda – até hoje, quando por acaso ouve aquela melodia banal, sente o gosto dela a seu lado, pedindo mais uma vez.

Em Roma, o mesmo hotel de férias antigas. Ela entrou no mesmo quarto, passou a mão pelo papel de parede, uns crisântemos dourados em fundo rosa-pálido, quase branco. E disse em voz baixa, só para ela:

– *Babylone retrouvé*.

Ele ouviu mas fingiu que não ouviu, ou melhor, que ouviu e não entendeu, ou entendeu e não deu importância. Sim, Scott Fitzgerald vinha a calhar, apesar de o conto dele se passar em Paris, que estivera em moda desde Henry Miller. Roma era outra coisa, a loba eterna amamentando os filhos famintos. Por tudo isso, ele fingiu que não ouvira a alusão à Babilônia reencontrada, a volta ao passado recente, a tentativa de começar tudo de novo.

Em Roma fazia frio, o quarto do hotel estava bem aquecido, só saíram para o *capodanno*, a festa de fim de ano. Compraram uma mesa num restaurante típico do Trastevere, ela se enfeitou com serpentinas e flores no cabelo, ele colocou um chapéu esquisito e um colar de gerânios, vermelhos como gotas de sangue explodidas e congeladas no plástico vagabundo.

Na época, ele gostava de beber champanhe – e ela também. Ao enfrentarem a segunda garrafa, o *capodanno* explodiu, todo mundo cantou e dançou, uma serpentina vermelha caiu sobre a mesa deles. Ficaram tristes de repente. Sabiam que no fim de ano seguinte estariam separados. Ela guardou a serpentina vermelha na pequenina bolsa que usava. Olhou-o, mais com pena dele do que de si própria. E disse:

– Vamos. – Ele entendeu.

Não havia ninguém pelas ruas. Vez ou outra passava um carro apressado, em busca de alguma festa. Ninguém dava importância ao casal que se espremia contra a amurada do Tevere, procurando uma reentrância que combinasse com o tamanho e a necessidade do desejo.

O frio até que não era muito, e eles estavam com o sangue aquecido pelo champanhe. Felizmente, Roma não tem iluminação moderna, parece uma velha estação ferroviária em ruínas – e o que não falta em Roma são ruínas. Nada de mais que abrigasse mais uma ruína, a ruína deles próprios. Foi um amor sofrido, na amurada úmida do rio, ele se esquecera de tirar o colar de gerânios, um deles foi esmagado pelos dentes dela, Babilônia reencontrada, para nunca mais.

Ficaram caídos na amurada do Tevere, pareciam dois bêbados, dois mendigos ali jogados, náufragos da noite e do Ano-Novo. Um casal surgiu lá longe, veio vindo, os passos se aproximavam, quando cruzou com eles houve espanto. Mas tudo terminou no cumprimento: *Auguri! Augur!* Ele ainda estava com o ridículo chapéu na cabeça e ela tinha uma rosa escarlate em cima do seio – o vestido ali se rasgara, ficara em frangalhos.

Os carros começaram a ser mais frequentes, passavam depressa, o *capodanno* acabava, breve surgiria a luz do dia, do primeiro dia do ano, do último ano de um caso que acabou ali, no chão de Roma, reencontrada Roma, Roma às avessas, amor.

Tudo a favor de tudo

Nem lembrava mais. Coisa de anos ou meses atrás, publiquei em algum lugar uma crônica sobre a Ipanema dos anos 1960, em que dizia, certamente entre outras besteiras, que Ipanema era um retrato na parede do quarto dos seus sobreviventes. Início desta semana, deste março calorento, cheio de mosquitos, recebi furioso e-mail de leitor e leitora que descobriram, nem sei como, não apenas meu endereço eletrônico (cheguei a esse tipo de decadência) mas notáveis falhas de caráter, coerência e gosto em meus textos e comportamentos.

Deus Todo-Poderoso e Senhor Nosso é testemunha de que nada tenho contra Ipanema. Na realidade, não tenho nada contra nada; se dependesse de mim, o mundo e a humanidade seriam todos a favor de tudo, até de mim mesmo. Mas vamos lá.

Não me lembro de ter exercido uma militância anti-Ipanema nem em pensamentos, nem em palavras, nem em obras. Não sou fanático por ela, isso é verdade, mas não sou fanático pela Bulgária e nem por isso tenho qualquer coisa contra ela.

Para falar a verdade, não tenho nada contra nada, o que não significa que seja a favor de tudo. Não sou a favor da matança das baleias, mas também não vou me suicidar porque uma delas perdeu o rumo e encalhou numa praia de Santa Catarina.

Já morei em Ipanema; por sinal, foi um dos períodos mais felizes da minha vida. Foi tão bom esse tempo que deixei de escrever, sendo esse o único benefício que prestei à humanidade e a mim próprio. Fiquei gostosamente na minha.

Mas o mesmo poderia ter acontecido se, em vez de morar em Ipanema, eu tivesse morado em Marechal Hermes ou em Honório Gurgel. Por falar nisso: desde criança ouço dizer que havia no Rio um subúrbio chamado Honório Gurgel. O tempo passou, fiquei sabendo de coisas inúteis como o teorema de Pitágoras, a Guerra do Peloponeso, a Dieta de Worms, mas nunca soube quem foi Honório Gurgel. Sei que é distante, mas não deve ser muito diferente, pois tudo na vida tende a ser a mesma coisa.

Ipanema era um bairro, uma praia, um cheiro, um modo de caminhar pela vida, como o tango e a doença de São Guido. Uma jaula à beira-mar plantada, onde habitava uma fauna que eu evitava porque me atrapalhava o exercício de ser feliz – no único período em que exerci esse raro ofício.

Certa vez, um dos meus amigos daquela época, que recolhi bêbado num dos botequins em moda e levei a seu domicílio, perguntou-me com asco: "Por que você nunca está nos lugares certos?".

Eu entendi o que ele queria dizer. Lugar certo, para ele, era justamente de onde vinha – onde se reuniam as mesmas pessoas, onde se contavam uns aos outros as mesmas histórias (as sardinhas do Báltico do José Sanz, o gato suicida do João Gilberto, os presos no banheiro do Antonio's, o dia em que Hugo Bidet teve um sonho erótico com a Leila Diniz etc.), onde se citavam as mesmas frases ("São Paulo é o túmulo do samba", "A pior solidão é a companhia de um paulista" etc.), onde se sabia em quantos filmes o Wilson Grey trabalhara e onde se discutia à exaustão se o chope do Zeppelin era melhor do que o do Castelinho.

Esses temas locais, que a turma considerava universais, não me emocionavam o suficiente, daí que nada tinha a fazer nos lugares certos, embora gostasse de quase todos os personagens que frequentavam esses olimpos fiscalizados pela Sunab da época, que todos os meses os multava por falta de higiene.

Num distante Carnaval do passado, me convidaram para sair na Banda de Ipanema, que pela primeira vez iria percorrer as ruas do bairro, uma ideia do Ferdy Carneiro, que vira uma banda em Ubá, terra natal dele e do Ary

Barroso. Recusei-me a sair na banda, mas fui espiá-la, como Pedro foi espiar seu Mestre ir de Anás a Caifás, mas à distância, sem se comprometer.

Deu-se que vi a moça emburrada porque o namorado a trocara pela banda: em vez de ficar com ela, preferira sair com os amigos, levando uma enorme e obscena tuba nas costas. Conversei com a moça e tantas fiz, ou fizemos, que acabei ganhando um filho dela. Foi assim que Ipanema entrou na minha vida, mas eu nunca entrei na de Ipanema.

Sobrevivi a tudo isso, fui morar no Leblon, depois na Lagoa, Ipanema nem paisagem é. É apenas uma passagem. Volta e meia passo por lá, mas sempre estou indo para outro lugar. Outro dia, parei num sinal da Garcia d'Ávila e havia um louco na rua gritando: "Olha a crise! Olha a crise!". Como no caso da banda, recusei-me a olhar a crise que o cara anunciava. Crise por crise, cada um tem a sua.

Bem verdade que, enquanto tive duas *setters* cor de ouro e mel, ia à praia do Diabo. Para usar uma expressão de Machado de Assis, diria que a praia do Diabo fica "ao pé" de Ipanema. Era o único trecho do litoral urbano aonde podia levá-las. E em cujas imediações parece que fica a maior concentração de gatos por metro quadrado – depois de Roma, naturalmente.

A casa mal-assombrada

Morava numa casa esquisita, no fim de uma rua que não levava a lugar nenhum. A casa tinha fama de ser mal-assombrada, e a rua nem tinha nome. Diziam que ali houvera uma fazenda de café cujos escravos mataram todos os senhores da casa-grande e depois se mataram – antes que fossem mortos pelas forças da lei.

Lenda ou realidade, o fato é que nenhum menino se atrevia a passar por ali. Na infância mais profunda, todos os meus pesadelos tinham locação única e barata: era ali mesmo que os fantasmas da noite me esperavam para fazer das suas sem deixar que eu fizesse das minhas, que se resumiriam em fugir – fuga impossível nas garras do sonho.

Até que um dia, vindo de uma aula de catecismo, decidi cortar caminho e fui dar num atalho que não conhecia. Quis voltar, mas a curiosidade de conhecer o mundo me levou adiante. De repente, com pavor no peito e tremor nas pernas, estava diante da casa mal-assombrada.

Olhando bem, era uma casa igual às outras, tinha mangueiras ao lado e uma menina de franjinha na única janela aberta. Ela parecia admirada de ver alguém chegar ali.

Fiquei parado, um pouco pelo medo, um pouco pelo encantamento. Apesar da franjinha, a menina era tão bonita como os anjinhos que havia na Igreja de Nossa Senhora da Guia.

Perguntou se eu queria alguma coisa. Não, não queria nada, embora querendo tudo – tal como hoje, tantos anos depois.

Quis saber o meu nome, onde eu morava, o que fazia ali. Respondi com honestidade, a mesma com a qual, mais tarde, responderia aos formulários do Imposto de Renda: a verdade possível.

Depois do interrogatório, veio o convite inesperado:

– Quer ser meu namorado?

Disse que sim. Prometi voltar no dia seguinte, embora sabendo que nunca mais botaria os pés naquele chão assombrado.

Creio que foi ali, também, que dobrei a esquina errada na vida. Nunca mais me pediram a mesma coisa. Desconfio que devia ter voltado.

O dia em que preferi Tenório a Drummond

Nada como um lugar-comum para iniciar conversa, discurso ou artigo: viver é escolher caminhos. Não apenas entre o bem e o mal, mas entre o açúcar e o adoçante artificial, a água com gás ou sem gás (em Portugal é água com bolhas ou sem bolhas), a praia ou a piscina, a loura ou a morena, virar à direita ou à esquerda.

Na obrigação de suar o rosto para ter o direito de barbeá-lo no dia seguinte, vivi uma dessas opções existenciais. A pauta de reportagem havia previsto uma entrevista com Carlos Drummond de Andrade, poeta que estava fazendo 75 anos, ou com Tenório Cavalcanti, que não estava fazendo nada – o que era um acontecimento em si, pois quando ele fazia alguma coisa dava um bode desgraçado e movimentava os cemitérios adjacentes do Rio.

Antes de me decidir, não me retirei à montanha como Zaratustra, a fim de meditar, orar e murmurar. Optei (péssima palavra que botaram em circulação) por Tenório Cavalcanti, e lá fui dar com os costados em Caxias, onde ouvi, pasmo, quarenta graus à sombra, a explicação de Tenório sobre a primeira explosão do átomo, evento que motivou o surgimento da Matéria, do Cosmos e dele mesmo, Tenório.

Os colegas estranharam minha escolha. Podia ter dado um confortável pulo ao Posto Seis, onde habitava o bardo, e ali, bafejado pela brisa atlântica, bateria proveitoso papo com o poeta – que, por sinal, foi dos pouquíssimos homens a quem fiquei devendo um favor pessoal.

Foi quando o ministro da Guerra moveu um processo na Justiça contra mim. Meu advogado pediu que arranjasse três pessoas para atestar minhas qualidades morais e cívicas, meu exemplar comportamento de cidadão etc.

Outro qualquer teria milhões de voluntários que se prestariam a isso, mas foi difícil arranjar três pessoas que mentissem a meu favor.

Os tempos eram duros, comparecer em juízo para contradizer um ministro militar que seria presidente da República era arriscado. Basta dizer que o então presidente da Associação Brasileira de Imprensa tirou o corpo fora, alegando que seria condecorado com a medalha de bons serviços, e aquele era um péssimo serviço ao regime.

Drummond se ofereceu para enfrentar o risco. Era meu colega de redação e meu vizinho, ele na Conselheiro Lafaiete, eu na Raul Pompeia. Aos domingos, comíamos a mesma pizza no Cesare da Joaquim Nabuco.

Sabia que o poeta não apreciava dar entrevistas, só o fazia em condições especiais. Seu aniversário seria devidamente comemorado, e uma entrevista a mais ou a menos não lhe faria falta. Além do mais, ele escrevia regularmente na imprensa e dizia o que tinha a dizer sem necessidade de intermediários.

O ex-deputado, jornalista, cangaceiro e pistoleiro Tenório Cavalcanti não cultivava tais e tantas dificuldades. Estava em excelente forma, ovante, jucundo e belo. Cabelos compridos, barbas longas e brancas, adquirira a aparência de um nazareno em disponibilidade, o povo simples chegava a confundi-lo com o Jesus Cristo que os pintores da Renascença criaram e que até hoje prevalece. Com o tempo, também ficara parecido com o Zé Sanz, outro personagem folclórico do Rio que se tornara famoso na Zona Sul por vários motivos, inclusive por só comer sardinhas do Báltico, pela correspondência íntima que mantinha com André Gide e pelo fato de ter dado conselhos a Orson Welles durante a filmagem de *Cidadão Kane*.

Era tal a sua semelhança com o Sanz que, durante a entrevista, houve um momento em que pedi: "Sanz, pelo amor de Deus, pare de bancar o Tenório!". Mas Tenório era Tenório mesmo, tinha o olhar esperto do coronel sertanejo que acredita na própria lenda. Mostrou-me o fuzil que matou Lampião, o punhal que pertenceu a Corisco, o crucifixo com que padre Cícero fazia chover no Ceará. Como peça de honra de seu museu particular, exibiu-me a metralhadora com que despachara os desafetos mais óbvios.

Fez-me vestir a sua famosa capa preta, debruada de cetim vermelho – o que foi uma das poucas glórias que até hoje obtive ao longo dos meus dias sobre a Terra. Tocou piano, e, naquele instante, senti uma emoção dos diabos, pois a música que ele arrancou de um velho piano caindo aos pedaços, cujas teclas estavam amareladas e escuras como uma dentadura manchada de nicotina, parecia uma mistura de Vivaldi e Luiz Gonzaga em ritmo de candomblé. Depois disso tudo, minha vida não seria como antes.

Tenório falou dos começos da Matéria e do fim do mundo. Citou a *Rerum Novarum*, mostrou-me o buraco das trinta e sete balas que tinha no corpo, uma delas com o curioso hábito de circular pelas pernas, nos meses pares ficava na perna direita, nos meses ímpares se deslocava para a perna esquerda – o que era mais um problema da ciência do que dele, Tenório.

Recitou Augusto dos Anjos e Fernando Pessoa, só não falou de cibernética porque nada lhe foi perguntado. Posso ter feito péssimas opções pela vida afora. Mas acredito que obrei certo ao preferir Tenório ao Drummond. E tenho certeza de que o poeta, em meu lugar, teria feito o mesmo.

Os festivos festivais dos festejados

Você está quieto no seu canto, tratando da própria vida, que não anda nada quieta, de repente o telefone toca. É o Barbosa, lembra-se? Ele não se lembra, mas diz que sim, como vai, como vão as coisas? Barbosa leu seus livros e gostou. Além de leitor entusiasmado, Barbosa é agora relações-públicas de uma associação e está promovendo um festival, exige a sua presença, “para abrilhantar” o evento. Você pondera que o brilho é pouco e a amolação é muita, Barbosa enumera as vantagens: avião de ida e volta, hotel de primeira, mordomia total, mulheres boas em volta da piscina e a possibilidade de uma invasão de incautos em busca de seus livros e de seu autógrafo.

– Vou pensar... tenho compromissos... liga mais tarde...

Barbosa desconfia que não agradou, no dia seguinte surge de corpo presente, mostra a fotografia do interior do avião, é do governador ou do presidente de uma empresa que patrocina as artes e as culturas em geral, cabine pressurizada, oitocentos e noventa quilômetros por hora, aeromoça de pernas esculturais.

E mais: a Sociedade de Fomento da Agropecuária dispõe-se a comprar uma remessa parruda de suas obras. Pode levar a mulher, seja ela qual for. E tudo sem gastar tostão, em nome do desenvolvimento espiritual e cívico do lugar, incluindo adjacências.

Faz a mala, telefona para o editor para saber se não há blefe, o editor confirma, mandou todo o encalhe daquela edição. Papo firme, com direito até a cachê. Pode ir sem susto, muita gente boa também vai.

Toma lugar na popa do avião, as estatísticas confirmam, é o lugar mais seguro. Seguro contra os acidentes, não contra os chatos. Ao lado dele senta o autor de um ensaio sobre Tobias Barreto, um paraibano desinibido que diz palavrão em voz alta, injuria as autoridades constituídas, na hora da decolagem proclama que aquele troço pode cair, está trepidando muito, faz um trocadilho infame com o Santo Nome de Deus e declara que para ele tudo está tudo bem, não gosta da vida, já viveu o suficiente e quer que todo mundo se dane.

"É agora que esse troço cai!", pensa.

O avião não cai, e o chato resolve dormir. Ronca, fazendo rosquinhas quando o ar passa pela tubulação que vem dos pulmões encharcados de nicotina. A aeromoça não tem pernas esculturais, nem tem pernas. Na verdade, nem tem aeromoça. Tem um sujeito barbudo que volta e meia oferece café, biscoitos dormidos e balas. Mas o letreiro acende e ele aperta o cinto. Olha e vê a cidade lá embaixo, sedenta de cultura. Pois lá vai ele.

Para consolo, não vai só. Vai com outros pilares da cultura pátria, que o editor considerou "gente boa". Há comissão de recepção à espera.

– O senhor é o Luis Fernando Verissimo?

– Não. O Verissimo vem no outro avião.

O hotel é bom, excelentes tapetes, elevador inteligente, bar sortido. Do apartamento, a vista da piscina é tentadora: um corpo de mulher nada molemente na água azul e iluminada. Tem uma cesta de frutas locais embrulhadas num celofane dificílimo de abrir, o cartão do prefeito lhe dá boas-vindas e convida para visitar as obras de uma estrada que ele prometeu ao eleitorado e não fez, como os outros prefeitos que prometeram e nada fizeram.

Sem ele pedir, o garçom traz chá, torradas e uma geleia que parece mistura de goiabada com atum. Seja o que Deus quiser. Ele faz a barba.

"Preciso estar simpático para os autógrafos."

Nem mesmo que esfolasse a cara ficaria simpático. Talvez com uma barba austera impressionasse o eleitorado. Mas na hora do festival chove, e o eleitorado é ralo e desconfiado. Tem vontade de mandar todo mundo embora, mas nem há todo mundo para mandar embora. Apesar de tudo, forma-se uma fila diante de sua mesinha, dá e recebe autógrafos, um poeta da região traz suas obras completas, editadas pelo Rotary Club local, faz questão de ler o prefácio que o Austregésilo de Ataíde fez para seu livro de estreia.

No dia seguinte, ao entregar a chave na portaria, aparecem os retardatários que ainda querem livros.

– Qual o senhor acha melhor?

A pergunta é imbecil, mas a resposta é sábia:

– Qualquer um.

O sujeito demora com a mão num volume, passa para outro, na hora compra um terceiro. Tira a caneta para o autógrafo.

– Qual é o seu nome?

– Válter.

– Com w ou sem w?

– Com w.

O Válter com w leva o livro e o cordial abraço da dedicatória. A hora de ir embora chega finalmente. Perderam sua mala, onde está meu paletó, tem ou não tem vaga nesta droga? Nunca mais me meto noutra, mas onde está minha mala?

Surge bruscamente não a mala, mas o Válter com w. Veio se despedir. Até a volta, um dia desses apareço lá no Rio, por que não um jantar?

É o último a entrar no avião. Na pista, inarredável, o Válter com w faz um ar inteligente:

– O que o senhor acha do Merleau-Ponty?

PERSONAGENS

Mila

Era pouco maior do que minha mão: por isso eu precisei das duas para segurá-la, treze anos atrás. E, como eu não tinha muito jeito, encostei-a ao peito para que ela não caísse, simples apoio nessa primeira vez. Gostei desse calor e acredito que ela também. Dias depois, quando abriu os olhinhos, olhou-me fundamente: escolheu-me para dono. Pior: me aceitou.

Foram treze anos de chamego e encanto. Dormimos muitas noites juntos, a patinha dela em cima do meu ombro. Tinha medo de vento. O que fazer contra o vento?

Amá-la – foi a resposta, e também acredito que ela entendeu isso. Formamos, ela e eu, uma dupla dinâmica contra as ciladas que se armam. E também contra aqueles que não aceitam os que se amam. Quando meu pai morreu, ela se chegou, solidária, encostou a cabeça em meus joelhos, não exigiu a minha festa, não queria disputar espaço, ser maior do que a minha tristeza.

Tendo-a ao meu lado, eu perdi o medo do mundo e do vento. E ela teve uma ninhada de nove filhotes, escolhi uma de suas filhinhas e nossa dupla ficou mais dupla porque passamos a ser três. E passeávamos pela Lagoa, com a idade ela adquiriu "fumos fidalgos", como o Dom Casmurro, de Machado de Assis. Era uma *lady*, uma rainha de Sabá numa liteira inundada de sol e transportada por súditos imaginários.

No sábado, olhando-me nos olhos com seus olhinhos cor de mel, bonita como nunca, mais que amada de todas, deixou que eu a beijasse chorando. Talvez ela tenha compreendido. Bem maior do que minha mão, bem maior do que o meu peito, levei-a até o fim.

Eu me considerava um profissional decente. Até semana passada, houvesse o que houvesse, procurava cumprir o dever dentro de minhas limitações. Não foi possível chegar ao gabinete onde, quietinha, deitada a meus pés, esperava que eu acabasse a crônica para ficar com ela.

Até o último momento, olhou para mim, me escolhendo e me aceitando. Levei-a, em meus braços, apoiada em meu peito. Apertei-a com força, sabendo que ela seria maior do que a saudade.

Glauber Rocha
A serpente no ventre da ovelha

Com exceção de seus filmes, que podem ser discutidos, negados e até elogiados, tudo que Glauber Rocha fez (e mesmo aquilo que não chegou a fazer) é obra de gênio. Mais do que Villa-Lobos, mais do que Candido Portinari, ele buscou a unidade através da fragmentação de sua personalidade inquieta, criadora, absorvente, conseguindo ser telúrico na universalidade e tornando-se universal em seu gosto de chão e de Brazyl. Uma odisseia muito própria a dele, glauberiana. Epopeia cujos *takes* só ele saberia montar e propositadamente nunca o fez – deixando essa tarefa para nós, seus amigos, inimigos e admiradores.

E cada qual pode montar o seu Glauber – eis aí, talvez, a razão e a provocação do gênio. Nisso, ele se alça realmente e realisticamente àquele sombrio átrio dos grandes artistas de todos os tempos, um Michelangelo baiano, um Da Vinci esparso, um Eisenstein sem partido. Para resumir: Glauber. Sua herança aí está, esparsa em fragmentos luminosos – e lembro o menino Glauber de 1959, recém-chegado da Bahia, levando sua colaboração para um suplemento dominical que era tão original que saía aos sábados.

Conversávamos sobre Ezra Pound – foi Mário Faustino quem nos introduziu nesse universo caótico do Grande Monstro Sagrado, tão próximo a Glauber em sua loucura e genialidade. Pound falava nos *punti luminosi*, toda e qualquer epopeia é necessariamente sacal, imensa e confusa, mas aqui e ali explodem os pontos luminosos, e são esses que formam o caráter e a perenidade da obra-prima. A obra do gênio. Glauber foi mais importante do que o cinema que fez e do que o próprio cinema em si.

Fecundou uma geração de artistas, dentro e fora do cinema. Um ser polêmico, conspirador (seu bom-dia era em voz baixa, senha de uma conjura pelo poder que nunca quis tomar). Um intrigante nos dois sentidos da palavra: pela intriga ele criava e obrigava os outros a criar. De 1964 até hoje, não há rapaz que se meta a fazer cinema ou emitir um juízo crítico sobre qualquer fato sem que tenha na cabeça a advertência: "O que Glauber vai achar disso?". Não exerceu sobre o nosso tempo uma vigilância policialesca, embora tenha feito alguma força para isso: no fundo, era uma inteligência em estado puro, mais do que em transe, em transa. Glauber transou o Brasil, mordeu-o nos testículos e obrigou-o a urrar. Esse urro não captado continua no ar e será fecundo. Parodiando Mallarmé, para Glauber a arte seria convulsiva ou não seria arte. Ele se expressou através do cinema, mas transcendeu ao veículo pelo exemplo e pela demência.

Aqueles que tiveram o privilégio de viver com ele, de com ele brigar ou colaborar, conhecem essa demência criadora de Glauber, absolutamente fora de qualquer conceituação, uma violência que o levaria inexoravelmente a ser o que foi, a fazer o que fez e como fez. Se me perguntarem pelo grande momento cultural de nosso tempo, eu citarei aquela noite no Cinema Ópera, numa data qualquer dos inícios de 1964. As luzes se acenderam depois da cena final de *Deus e o diabo na terra do sol*. Na plateia, ninguém se mexia: aquela câmara inquieta, demente, varrendo a caatinga, correndo o sol e a terra, o discurso barroco dos personagens, a sensação de que ali começaria uma nova linguagem – tudo isso reunido e ampliado no grito que anunciava o mar virando sertão e o sertão virando mar – utopia jamais realizada e, por isso mesmo, pinçada para a eternidade da profecia. Profeta não é charlatão que adivinha o futuro.

A linguagem de Glauber não vem de Nostradamus, mas de Elias e Ezequiel, de Daniel e Isaías, que nada adivinharam. Eles tinham um pacto com a verdade, um pacto que estava acima e além das cabeças e mentes de seus respectivos tempos. E em nome desse pacto é que bradavam, comiam gafanhotos no deserto, desciam à cova dos leões, eram engolidos pelo ventre das baleias. Não era à toa que Glauber se intitulava judeu-cristão-baiano. O judaísmo dos grandes profetas que não sabiam onde estava a verdade, mas sabiam que ela existia e cobravam o compromisso dela, verdade. O cristianismo de suas heranças protestantes, sua recusa aos ídolos (por isso nunca aceitou os deuses de Hollywood), sua ascética frugalidade no caminhar pela vida.

Dos baianos, a magia, o encantamento, o maravilhoso que pode acontecer de repente, raiz de tudo, funda, encharcada pelas águas de um dilúvio que para Glauber nunca secou. É lugar-comum falar da violência de Glauber. Bem-aventurados os violentos como ele, que sabem das coisas antes dos outros e, como Horácio, odeiam o vulgo e a iniquidade. Quando anos atrás me procurou solitário e amargo, patrulhado pela *intelligentzia* brasileira – ele acreditava no projeto do presidente Geisel ("Geisel é protestante, está falando sério") –, pediu-me que o entrevistasse. Depois me levou para ver *Cabezas cortadas*, nós dois sozinhos, na enorme cabine, o filme ainda lutava contra a censura. Naquele momento, lembrei a noite em que vimos, também sozinhos, seu primeiro projeto de cinema, *Barravento*, muitos anos atrás.

Num e noutro Glauber falava mais do que os filmes – que eram falados. Cada fotograma despertava em Glauber uma torrente de novas imagens, de crítica, de distanciamento, de comentários à parte, cada cena estava absolutamente ultrapassada, embrião apenas para outra obra, para outra coisa qualquer – impossível reunir Glauber numa imagem industrializada –, o seu melhor filme ele nunca rodou, ficou apenas na sua cabeça possuída pelos anjos e demônios que atormentavam e salvavam o homem. Esse Glauber, que não se bastava, passageiro do delírio que partia de um lenço vermelho, de um punhal, de um pouco de veneno (a frase é de Goethe, monólogo inicial do doutor Fausto), esse Glauber, que violentou imagens e palavras, que se violentou na própria carne, era o manso enrustido, serpente no ventre de uma ovelha.

Em novembro de 1965 fomos presos, em frente ao Hotel Glória, juntamente com outros amigos que protestavam contra a ditadura. Por um acaso qualquer, Glauber e eu fomos os primeiros a ser revistados no quartel da PE. Um sargento pediu que tirássemos as roupas, que ficássemos nus à sua frente. Mais tarde, chegaria ordem para poupar esse vexame suplementar a outros presos. Lembro Glauber, baixinho e gordinho na ocasião, nu, segurando suas roupas e sapatos. Foi à minha frente. Na imensa cela que nos destinaram não haviam ligado a luz. Quando entrei, ouvi a voz forte de Glauber, ainda da treva, da incerteza em que mergulhávamos. Pediu que tomasse cuidado, havia um balde no meio: o aviso veio tarde, eu já estava no chão, junto com Glauber, vencidos pela escuridão. De uma certa forma, Glauber jamais venceu essa escuridão pessoal. Por isso mesmo, o legado que nos deixou será sempre uma herança de luz, um apelo de esperança, de amor.

Viagem em torno de Otto Maria Carpeaux

A importância de Carpeaux na cultura do país é um dos raros pontos pacíficos de nosso instrumental crítico. Tanto Oscar Niemeyer como Carlos Drummond de Andrade, quase que com as mesmas palavras, acentuaram que foi o vienense Otto Maria quem trouxe uma visão universal às diferentes formas de nossa cultura. Outros estrangeiros cultos que aqui se fixaram também contribuíram no alargamento de nossos horizontes – e a citação do nome de Paulo Rónai é obrigatória. Carpeaux é o limite. Aceitou-nos tal como somos, repartiu nossas misérias, sofreu nossas desditas – e sofreu tanto que, já beirando os 70 anos, submeteu-se a um interrogatório policial motivado por um artigo que escreveu: "FMI – Fome e Miséria Internacionais". Por várias vezes esteve para ser extraditado pelo regime militar.

Nascido em Viena (1900), perdoou quase tudo à velha Europa e à velha Áustria que, estranhamente, ele continuava a amar, mas à sua maneira. Só não perdoou a anexação, o Anschluss de 1938, quando as elites políticas e militares se incorporaram ao Reich de Hitler.

A história de sua vinda para o Brasil foi marcada pela obstinada vocação de liberdade, pela suicida fidelidade aos ideais que formaram o seu patrimônio intelectual. Estudou física e matemática, mas abandonou as ciências exatas para se dedicar à estética (foi aluno de Croce, na Itália).

Com o pai aprendeu música (preferia ler partituras a ouvir discos), dedicou-se à história do pensamento – e foi por aí, acredito, que ele chegou à literatura e à filosofia. Fica impossível falar de Carpeaux sem usar o lugar-comum: enciclopédico. A expressão o irritava nos outros e, sobretudo, se aplicada a ele próprio. Carpeaux não era uma soma ou uma sucessão bem paginada de conhecimentos gerais. A leitura de sua monumental *História da literatura ocidental* (oito volumes) e de *Uma nova história da música* revelam a estrutura e a dinâmica de seu pensamento. Ele escrevia ensaios como alguns escritores fazem romances ou poemas, na base de palavra puxa palavra, ideia puxa ideia.

A guerra de 1939 dividiu-lhe a vida em duas – e ele deixou seus livros e seu passado em várias partes da Europa. Dos livros sempre sentiu saudades, principalmente de uma edição grosseira e expurgada (*ad usum Delphini*) na qual leu pela primeira vez *A divina comédia*, dedicando-lhe um de seus melhores ensaios.

Do passado, nem tanto. Confessava que sentia uma bruma na memória, como se o Otto Maria da Viena barroca fosse um fantasma a errar pelos cafés, pela universidade e pelas ruas onde se formava um grupo que marcaria época no século: a Viena de Freud e Hahn, de Schoenberg e Webern, de Rilke e Kafka, com quem, aliás, ele teve um encontro que ficou registrado em delicioso momento de sua autobiografia.

Carpeaux só soube que vinha para o Brasil quando já estava no navio que o traria para cá. Procurou informar-se sobre o país. Leu o que podia: os livros da biblioteca de bordo. Aprendeu pouco. Somando tudo, ele anteviu o Brasil no qual iria viver o resto da vida. Imaginou que teríamos músicos como Carlos Gomes e Villa-Lobos, livros como *Os sertões* e *Por que me ufano do meu país*, políticos como Rui Barbosa e Vargas, poetas como Castro Alves e Gonçalves Dias. Uma única surpresa: Machado de Assis. Carpeaux gostava de citar a frase que revelou, para ele, a infinidade do universo machadiano: "Naquele tempo já existiam pessoas velhas, mas poucas".

No final de 1977, deu um giro pela Europa. Não pretendia ir a Viena, mas as conexões aéreas são relativamente imprevistas, e ele foi parar em Munique. De lá, seriam apenas sete horas pelo trem que corta a bela paisagem pré-alpina. Por que não? O filho pródigo voltou, *displaced person* na cidade em que nasceu, que amou e com a qual não mais se identificou. Sentindo-se um estrangeiro, passeou em silêncio pelas ruas, procurou os cafés, num deles Trótski fazia ponto. No regresso, escreveu seu último artigo.

Falou mal do Schoenbrunn e dos italianos que o Império Austríaco importou para embelezar a cidade. Afinal, Viena tinha um Lukas von Hildebrandt, tão barroco quanto Bernini ou Borromini.

Quando soube que eu iria a Viena, tentou convencer-me a ficar em Roma. Para quem o conheceu, a discriminação não é surpresa. Ele tinha o "dom da fúria", como acentuou José Lino Grünewald em carinhoso artigo. Carpeaux gostava de citar Macbeth: "A *tale told by an idiot, full of sound and fury, signifying nothing*". Em Viena, pensei em enviar-lhe um cartão cheio de som e fúria, mas já estava de regresso marcado e preferi reclamar pessoalmente.

Cheguei atrasado. Ao beijar seu caixão – sincero caixão, despojado de qualquer símbolo, cruz ou flor –, me senti mais sozinho no mundo. Ele se transformara em lição, memória e saudade.

Os truques e os clones de Nelson Rodrigues

Poucos autores, na literatura universal ou brasileira, usaram e abusaram dos amigos e dos conhecidos como Nelson Rodrigues. Seria até exagero dele não fosse uma técnica, uma estrutura estética, um processo de composição comum a muitos escritores.

Marcel Proust eternizou pelo menos dois de seus amigos nos personagens de Swann e Charlus. Eça de Queirós também aproveitou a fauna que o rodeava para compor seus personagens. Ele próprio admitia que fizera do brasileiro Eduardo Prado o chassi para o seu sofisticado Jacinto de Tormes.

Mas Nelson ganha deles – e de longe.

Em princípio, seus personagens podem ser divididos em três categorias. A primeira é constituída por aqueles que comparecem no teatro, no romance ou na crônica rodriguiana com os próprios nomes e atributos. É o caso do Salim Simão, jornalista, botafoguense, cujo bom-dia era um comício. Ele entra no teatro e em dezenas de crônicas.

A segunda é formada por personagens que, embora disfarçados, são facilmente identificados. Nessa categoria estão amigos e desafetos do autor: médicos, colegas de jornal, contínuos, gente da sociedade. O Palhares, um dos mais populares, que não respeitava nem as cunhadas, e o personagem principal de *O casamento*, por exemplo, são colagens de tipos que ele colecionou ao longo da vida.

Um esporte inocente que os amigos de Nelson costumam fazer é juntar os fragmentos que formaram o Palhares. Já chegaram a colocar o autor destas mal traçadas entre aqueles que não podiam ver uma cunhada no corredor. Uma infâmia, por sinal.

A terceira categoria, a mais extensa e divertida, é a dos amigos que, uns mais, outros menos, frequentavam o seu cotidiano. Nelson era fiel às amizades, mas a seu modo. Quando descobria um tipo, gostava de explorá-lo, lambê-lo à exaustão.

O mais notável deles, escritor dos melhores, jornalista de primeira linha, terminou sendo uma figura popular à custa de Nelson: Otto Lara Resende virou título ou subtítulo de uma de suas peças, *Bonitinha, mas ordinária*. Se não ficar eterno por sua própria obra, Otto será lembrado por estar associado a uma das peças do teatro rodriguiano.

No geral, contudo, os amigos curtiam o Nelson. Para alguns, ele fez aquilo que em linguagem de computador seria o *save as*, o "salvar como". O poeta José Lino Grünewald, recentemente falecido, ficou sendo o guarda-marinha que morreu no naufrágio do *Bismarck*. Claudio Mello e Souza, outro poeta, era havaiano de filme e tinha o peito de um remador de Ben-Hur.

Antônio Callado era o único inglês da vida real. Hans Henningsen ficou mesmo como o Marinheiro Sueco. Walter Clark tinha cascata com jacaré em sua sala na TV Globo, e suas gravatas eram mais complicadas do que uma tábua de logaritmos. Adolpho Bloch era um imperador romano de filme de Cecil B. De Mille. O escrete húngaro não passava de uma invenção do Armando Nogueira.

Didi era um príncipe etíope, arrastando o manto de rei de rancho no gramado. João Saldanha era o único brasileiro que ainda tossia. Carlinhos de Oliveira era um passarinho a quem ele tinha ganas de dar alpiste. João Havelange estava sempre ouvindo um imaginário Hino Nacional. Wilson Figueiredo era o único brasileiro que ficava ruborizado.

Havia, ainda, os amigos que sempre compareciam em suas crônicas, fossem elas confessionais ou não: Pedro do Couto, Ib Teixeira (que promoveu uma campanha para Nelson entrar para a Academia Brasileira de Letras), Walter Fontoura, o pessoal do esporte, como Gastão Soares de Moura e seu arqui-inimigo de futebol, José Maria Scassa.

Além desses três grupos de personagens rodriguianos, há as chamadas abstrações: o padre de passeata, a estagiária de calcanhar sujo, o canastrão de olheiras pintadas, a rolha queimada, o Sobrenatural de Almeida (que decidia partidas na véspera), a negra de ventas triunfais. Esse universo, essencialmente carioca, servia de escada para que ele desse as suas cortadas.

Era comum Nelson colocar na boca dos amigos aquilo que ele pensava e, às vezes, não tinha coragem de dizer. Foi o caso, entre outros, do dia em que morreu Guimarães Rosa.

Naquela época, Nelson, Reynaldo Jardim e eu sempre tomávamos café num dos botequins de esquina de que ele mais gostava. Perguntou ao Jardim o que ele achava do Rosa. Com a sinceridade de sempre, Jardim disse que não gostava dele. No dia seguinte, ele escreveu que Jardim achava Guimarães Rosa "uma besta".

A mim, perguntou o que achava de uma frase do Rosa a que os jornais estavam dando destaque: "A gente morre para provar que viveu". Nelson suspeitava daquela afirmação, queria saber o que eu achava dela. Fui breve: "Tem um bafio acaciano". Durante cinco dias, Nelson praticamente escreveu a mesma crônica. Nela, eu ficava na calçada, de dedo em riste, dando pulos de indignação: “Acácio! Acácio!”.

Pouco antes de morrer, jantou em minha casa. No final da noite, levei-o ao Leme, onde morava. Pediu que fosse pela praia, bem devagar, para sentir o cheiro do mar noturno. Um cheiro de que ele gostava, de algas e conchas, de florestas menstruadas.

Clarice Lispector
Lembranças do grande peixe fosforescente

Mulher bonita, mais que bonita: impressionante. Talvez nem fosse bonita, mas bastava olhá-la para nunca esquecê-la. O rosto projetado para a frente, um tipo eslavo, silencioso, pupilas claras que olhavam o mundo sem nunca deixar de ver dentro – sua pátria era ela mesma, aquilo que hoje poderemos chamar de “praia”.

Foram muitos os que se apaixonaram por ela – pela mulher, não ainda pela escritora. Durante anos, seus livros ficaram amontoados nos sebos da cidade. Nos jornais e revistas, volta e meia aparecia uma resenha amável feita de estima ou de homenagem à colega – Clarice era também jornalista, creio que trabalhou em *A Noite*, jornal antigo que pertencia ao governo e que teve a sua fase de grande vespertino.

Até ser publicada pela turma da Editora do Autor, ela foi uma curiosa espécie de inédita. Todos sabiam que Clarice escrevia e escrevia bem, mas poucos a liam. Durante anos fez entrevistas, perfis, reportagens para a revista

Manchete, em que colaboravam Rubem Braga, Fernando Sabino, Paulo Mendes Campos, Vinicius de Moraes e outros que também integravam o elenco daquela editora que mais tarde se chamaria Sabiá.

Não foi a crítica que descobriu Clarice Lispector. Foram os leitores, principalmente leitoras, ao atingirem o nível universitário. O grande público custou a chegar, preferia então um tipo de ficção mais colorido e movimentado. O mergulho introspectivo em nossa literatura era seara de iniciados que apreciavam Cornélio Pena e tinham acesso a Katherine Mansfield.

De repente, sua obra começou a ser lida e discutida, era a preferida para teses de mestrado. Vieram em cascata as traduções e os estudos críticos, publicaram-se, no Brasil e no exterior, os primeiros ensaios acadêmicos sobre sua ficção. Nascia um fenômeno que vinha de baixo para cima, que subia do leitor para a crítica, do limbo para o olimpo editorial.

Mais ou menos pela mesma época, quando seus livros saíram do pó para o destaque das livrarias e da mídia, um acidente quase a matou. Clarice gostava de escrever em uma pequena máquina portátil, que colocava ao colo. Fumava muito, muitas de suas fotos, hoje tornadas clássicas, a mostram de cigarro na boca. Uns dizem que ela já estava deitada quando cochilou com o cigarro aceso. Saiu do incêndio com queimaduras que cirurgias reparadoras disfarçaram. O belo, o enigmático rosto de Clarice Lispector nunca mais foi o mesmo.

Morava no Leme, num apartamento recuado da rua General Ribeiro da Costa, pouco depois da ladeira onde morava Ary Barroso. Eram os dois moradores mais famosos do pedaço e talvez nunca se tenham conhecido. Clarice não era dada à badalação, nem costumava frequentar lugares obviamente corretos.

Desquitada de um diplomata, com filhos já crescidos, ela podia ter entrado em circulação no complicado universo dos "casos". Não faltavam pretendentes. É possível que ela tenha se ligado a um ou a outro, mas sempre discretamente. Paixão para ela não era segundo a carne – não foi à toa que escreveu A *Paixão segundo G.H.*

Por sinal, esse título nasceu depois de o livro estar quase pronto. No início dos anos 60, ela me telefonou, tinha uma amiga, a embaixatriz Maria Martins, que desejava me conhecer. Pediu que Clarice me levasse a seu apartamento, no Flamengo. Apanhei-a em casa, eu tinha um Gordini cinza, era novidade na época, Clarice elogiou o carro. Apresentou-me a Maria Martins, conversamos sobre arte, leitura e um pouco sobre política, que estava fervendo naquela ocasião. Depois fui levá-la de volta ao Leme, e ela me perguntou o que eu estava escrevendo.

Não estava escrevendo nada, naquele momento. A editora Civilização Brasileira anunciava um novo livro meu, *Paixão segundo Mateus*, título chupado de J. S. Bach, aliás, chupado dos evangelhos. Como sempre acontece comigo, tinha o título, mas não tinha a história. Clarice tinha a história, mas não tinha o título. Na crônica que escrevia no *Correio da Manhã*, sob a rubrica "Da arte de falar mal", não a acusei de ter roubado o título, que afinal não era meu, era de Bach e do Novo Testamento.

Clarice já se instalara na prateleira mais nobre de nossa literatura, *A maçã no escuro* estourara. Ela chegou a pensar em só se dedicar às letras, mas o mercado era pequeno, teve de voltar ao jornalismo, a fazer entrevistas estranhas. Lembro-me de duas: com o ex-presidente Jânio Quadros e com a primeira-dama de então, dona Iolanda Costa e Silva. Impressionante a sua capacidade de dar conta do recado profissional, traçar o perfil de personalidades que nada tinham a ver com Clarice Lispector, com seu mundo, sua alma.

A diferença é que ela vestia um escafandro para viajar em universo alheio. Sua arte, sua beleza só vinham quando mergulhava nua em si mesma. Branca, enorme peixe fosforescente, iluminava com surpreendentes centelhas o mundo submerso no qual vivia e do qual nos trazia notícia.

Adolpho Bloch

Lisboa, 1975, quatro horas da manhã. O telefone toca na mesinha de cabeceira do Hotel Tivoli. Com a experiência de outros telefonemas àquela hora, sei quem é. Atendo e não me surpreendo com a voz inconfundível, uma de suas marcas registradas:

– Como vai a coisa? – Adolpho não acredita em fuso horário, no Rio são onze horas da noite, por que seria madrugada na Europa?

– Vai indo, Adolpho.

Uma forma de responder sem responder, apenas iniciar o diálogo. Ele me pergunta sobre a crise política em Portugal, dou informações como ele gosta: bem resumidas e objetivas.

– Está muito frio? Aí venta muito nessa época do ano.

Acrescento que, além do frio e do vento, tem chovido uma barbaridade, ou, como preferem os portugueses, de uma forma bestial.

Desligo e tento dormir. Cinco minutos depois o telefone toca novamente.

– Você está bem calçado?

Digo que são quatro horas da manhã, preciso dormir, tenho compromisso cedo. Mas ele insiste, quer saber se estou andando pelas ruas alagadas com os tênis que geralmente uso. Garanto que não, por acaso estou usando aquele *Rossetti Yacht* que ele trouxe para mim de Milão.

– Uma porcaria! – diz Adolpho. E anuncia que eu vou ficar resfriado, que eu não sei cuidar de minha saúde, sou teimoso e malcriado.

Exalta-se.

– Amanhã não tem compromisso porra nenhuma! Você vai na rua da Prata, tem uma sapataria, fale com o gerente, diz que é meu amigo, ele tem umas botas muito boas, não passam água, pede desconto, dez... não, trinta por cento, ele é ladrão mas tem os melhores sapatos da Europa. Perto deles os sapatos italianos são uma merda.

Concordo que os sapatos italianos (que ele gosta de usar e presentear) são uma droga, mas eu quero dormir. Ele desliga.

Desta vez, nem cinco minutos se passam. O telefone toca mais uma vez.

– Olha, é melhor comprar dois, a bota e um sapato social, pode gastar que eu pago depois. Mas pede desconto. Quarenta por cento. Diz que é para mim.

– Tá bem, Adolpho, tá bem, fique sossegado, agora me deixe dormir. – Ajeito-me nos lençóis, penso em tirar o fone do gancho, mas sei que ele ainda vai telefonar. Não dá outra.

– Você levou as meias de lã? – Recomenda uma camisaria no Rocio, é barateira, além das meias, tem as melhores camisas do mundo, "iguais às que o Adriano Moreira usa".

Adolpho acha o Adriano Moreira elegante – e o professor é elegante mesmo. Vamos desligar, mas de repente ele reclama:

– Você não me disse como vai a coisa!

– Vai bem, Adolpho, quer dizer, vai mal, pior do que os sapatos vagabundos e as meias molhadas, é que a coisa ficou meio sem graça sem você. Vai ser difícil levar, está barra. Sempre se dará um jeito.

O que não terá jeito é não ouvir mais a sua voz grossa, enfrentar seus fusos horários desencontrados, sem mais sofrer essa mania que você tem de saber como vai a coisa. A coisa irá, de alguma forma, pois não se pode esquecer um homem que, a oito mil quilômetros de distância, um oceano no meio, quer saber se estou agasalhado, proteger meus passos, guiar minha saudade.

Padre Cipriano

Sentimento todo especial. Fui de sua divisão, no Seminário Menor, durante cinco anos. Entrei para lá criança, saí jovem. Com ele fiz grande passagem. Recebi influências que perduram até hoje e perdurarão sempre – creio. Claro, nem tudo foi bom. Tivemos aborrecimentos, revoltas, algumas injustiças de parte a parte. Mas seu valor humano sobrenada seus defeitos, que tão aberrantemente aparecem à primeira vista, e olhados com maior profundidade são justamente suas melhores virtudes.

Mais que a meu pai, a ele devo minha formação. Tudo o que é bom em mim, este pouco que não satisfaz a ninguém e que me envergonha – devo a ele.

Tem passado maus momentos com o senhor arcebispo. Sua Excelência, nesse caso, procurou fazer-lhe justiça. Padre Cipriano é o único dos nossos superiores que possui três doutorados, o de filosofia, o de teologia e o de direito canônico. Ao tempo dele, foi o aluno mais brilhante do Pio Latino-Americano de Roma. É o melhor latinista do clero brasileiro. Leciona em diversos cursos matérias que vão do hebraico à biologia. Toca piano, órgão, arranha violino. Cônego catedrático. Pinta nas horas vagas. Possui imaginação prodigiosa – que nos encanta na medida exata em que o perde.

Minhas melhores recordações da meninice são suas histórias: nas noites de Itaipava, mal acabado o jantar, o corre-corre para apanharmos lugar no quiosque. Padre Cipriano sentava-se no meio de seus alunos e começava. Histórias que demoravam semanas, meses, terríveis de bonitas. Mistura de Sherazade e de folhetim, de filme em série e novela de rádio, ele dosava curiosidade com emoção em cada noite que funciona como capítulo de sua formidável capacidade de inventar aventuras. Pedro, o Olonês. O homem da pipa. O judeu que fazia magnólias. Uma comprida e complicada adaptação da *Tosca* que mais tarde vim a saber apócrifa: na versão do padre Cipriano, Mário era um missionário, Tosca uma virgem intocada e Scarpia um pastor protestante, a trama era fabulosa. E para torná-la melhor, volta e meia ele cantava trechos esparsos, *Recondita armonia, E lucevan le stelle*, sua voz engrossava para fazer o Scarpia e era terrível quando ordenava: *Tre sbirri... una carrozza...*

Pediam a padre Cipriano que escrevesse suas histórias. Encabulado, jamais pensaria nisso. Contava pelo gosto de contar, dar escape à sua imaginação.

Imaginação que o perdia. Padre Cipriano inventava batalhas em que os Aliados sempre venciam os alemães. Chegou um dia com o recorte de jornal: a máquina infernal que um brasileiro descobrira e cedera especialmente ao presidente Roosevelt. Coisa quadrada, com buraquinhos e botões. Aquela máquina – explicou padre Cipriano no quadro-negro – matava à distância. Bastava sintonizar os botõezinhos e Hitler estourava nos porões do Reichstag. O couraçado *Bismarck* iria para o fundo dos mares sem ser necessário disparo de um único tiro de canhão. Era não apenas o fim da guerra, mas a invencibilidade eterna das forças do bem, no caso representadas pelos Aliados.

Dias depois, Zé Grande recebe laranjas de um parente de Nova Iguaçu ou Nilópolis. E, coincidência atroz, o mesmo engenho lá estava, igualzinho, numa folha do *Jornal do Brasil* que embrulhava as ditas: era o anúncio de um fogão a gás de quatro bocas, novidade no mercado, vendido a prazo.

No futebol, padre Cipriano era estúpido, avançava com sua força de homem-feito contra crianças, fazia devastação nos times contrários, até mesmo no próprio. Deu-me um trompaço certa feita que baixei à enfermaria. Inventava regras que só beneficiavam a ele – um descarado. Roubava onde podia roubar e até onde não podia. Chegou ao ponto de impingir a regra: gol feito por ele valia por três. Gol provindo de passe seu valia por dois.

Mesmo assim, os escores saíam apertados, o pessoal contrário fazia disso questão de vida e morte. Padre Cipriano botava tudo em jogo, sua honra, sua dignidade de sacerdote – tudo. Ameaçava excomunhões, um dia tomou um drible humilhante do César, saiu atrás dele pelos corredores, invadiram recreios, salões de aula, até que padre Cipriano conseguiu agarrá-lo. Sacudiu-o com força, não podendo sová-lo, excomungou-o com fórmulas latinas que na certa ele inventou na hora. César tinha de ir a Roma tirar a excomunhão com o papa – propalou-se pelo seminário inteiro.

O pênalti do Macário. Macário tinha um chute forte, definitivo, letal. A partida terminara empatada, mas no último instante padre Cipriano, para evitar um gol, agarrou a bola com as mãos dentro da própria área. Não houve jeito de anular o pênalti. Macário ajeitou a bola para cobrar a penalidade. Padre Cipriano mandou seu goleiro às favas e ficou embaixo das balizas.

– Quero ver quem é homem para bater esse pênalti!

Macário ajeitando a bola. Tomou distância. Um chute que o padre Cipriano nem viu por onde passou a bola.

– Não valeu!

– Não valeu o quê?

– Eu não estava preparado! Chuta outra vez!

Novo chute. Padre Cipriano atirou-se ao chão, ensanguentou-se, a bola estufou a rede. Aí foi a tragédia. Agarrou Macário, esfregou-lhe o sangue pela cara, toma, miserável, fica marcado com o sangue de um padre, isso nem no inferno se apaga! Fez cruzes de sangue pela testa de Macário, chamou-o de Átila, Flagelo de Deus. Foi um escândalo. Padre Cipriano passou dias emburrado, chorando pelos cantos. Suas lágrimas faziam mal. Pareciam as de um Deus chorando, é doloroso ver isso.

Criança que nem os doutorados, nem o sacerdócio conseguiram estragar. Mais de quarenta anos no lombo, o mais inocente de todos nós, o mais puro.

À noite, após as orações do dormitório, ia de cama em cama para abençoar os alunos. O terço nas mãos. As brigas mais sérias, as que pareciam mais definitivas e aterradoras, terminavam naquele simples beija-mão: "Deus te abençoe, Macário". Precisasse um de nós de padre Cipriano! Aquele sangue, quente às vezes, era nosso.

Como todos os temperamentais, é sentimental. Não se lhe pode demonstrar afeto, tem vergonha de se saber estimado. Vê seus meninos crescerem, estudarem filosofia, discutirem com ele nas aulas os problemas sérios, se doutorarem. Tem orgulho deles – um orgulho que se transforma em vergonha pessoal. Evita-os, não gosta que gostem dele.

Ficou abalado com meu abraço. "Vocês ainda se lembram de um pobre velho que não serve para nada!" Pobre velho? O mais jovem de todos, o eterno jovem que sobe ao Altar de Deus, que alegra a sua juventude.

Posso trilhar os mais absurdos caminhos. Chegar a papa ou a anticristo. Terei padre Cipriano intacto, num lugar todo especial do coração.

POLÍTICA

Esquerda ou direita

Indagaram-me, por via postal, se afinal sou um homem da esquerda ou da direita. A pergunta não mereceria resposta, nem postal, nem oral, muito menos pública, como essa que pretendo dar. Mas convencionou-se rotular as coisas e seres – e já li num romance de ficção científica que essa mania de rotular as coisas é culpa da lei da gravidade. Se fôssemos gasosos ou líquidos, não teríamos necessidade de ser da direita ou da esquerda. Mas acontece que somos sólidos, pesamos, e o peso nos pesa e reduz nossas capacidades intelectuais, donde a bitolação, os ossos desnecessários e os ossos do demais ofícios.

Somos sólidos – e tenho vaga repugnância em considerar sólida a minha humana fragilidade. Mas a química aí está para afiançar que sou sólido, e a carta que me vem de Minas Gerais me cobra uma sólida resposta. Esquerda ou direita?

Meu primeiro e mais salutar impulso é repetir um personagem de Dickens. Mr. Pickwick chegou a uma cidade acompanhado pela diretoria do Clube

Pickwick, cujo presidente perpétuo era ele mesmo. Na cidade havia um comício político, e todo mundo berrava: viva! viva! Mal saltou da carruagem, Mr. Pickwick começou também a gritar: viva! viva! O entusiasmo do presidente alarmou a diretoria do clube, e uma delegação foi interrogá-lo.

– Mestre, o senhor sabia o que estava vivando?

– Não!

– ?!

– Toda vez que vocês encontrarem uma multidão dando vivas ou morras, gritem com a multidão.

A lição pareceu sábia, mas assim mesmo o tesoureiro do clube, homem prático e previdente, argumentou:

– Mestre, e se houver duas multidões gritando, uma viva, outra morra?

– Então grite com aquela que estiver gritando mais alto.

A sabedoria de Pickwick ainda não foi reformulada, nem o merece ser. Ora, direis, isso é cretinice, mas vos indago, há coisa mais cretina que a dialética? Só o romantismo poderia gerar a concepção monolítica do caráter inquebrantável e – outra vez a palavra – sólido. Ser um sólido caráter significa hoje que o sujeito é uma toupeira, um reacionário, um retrógrado. Sejamos progressistas e avancemos com a história – ela nos faz e nós a fazemos.

Até aqui ainda não respondi se sou da direita ou da esquerda. Pois lá vai a resposta. Sou que nem aquele relógio do português que às vezes era de ouro e às vezes não era. Uma coisa nunca fui nem serei: do centro. Detesto os centros, tantos os centros espíritas como os cívicos. De uma forma geral, pendo às vezes para a esquerda, mas isso não significa que seja realmente um esquerdista. Considero a esquerda, principalmente a esquerda brasileira, um aglomerado de imbecis que se escoram uns aos outros em defesa de teses – essas, sim – certas e necessárias. Quando um camarada não consegue ter um pensamento sequer, um juízo a respeito de si mesmo e do mundo, procura o seio acolhedor das esquerdas. E ali, no calor de um ideal, de uma pujança, de um laboratório em idas e vindas que sempre levam a um rumo certo, sentem-se compensados, firmes e – outra vez a palavra – sólidos.

Antigamente, havia o Partidão Comunista para casos assim. Lembram aquele Gomez do romance de Sartre? Pois o camarada era comunista só porque era muito difícil ser Gomez. Hoje o Partido Comunista, principalmente o brasileiro, já passou de moda, só quem se incomoda com ele é o bravo almirante Pena Boto e alguns profissionais do anticomunismo. Pois todo mundo sabe que entre o sr. Luís Carlos Prestes e o dito almirante não há diferença nenhuma: são iguais na rasura e na fundura.

Não sei se a leitora de Minas me compreendeu. Reconheço que o negócio é difícil, e eu às vezes não me compreendo. Mas não me culpe por isso. Culpe o mundo que me fez sólido e saia do meu caminho, que eu não estou indo para lugar nenhum a não ser para a morte, onde serei líquido, gás e nada.

Na cova do leão

Hoje, às 10 horas, cumprindo intimação do juiz da 12ª Vara Criminal, irei ao gabinete do senhor ministro da Guerra para presenciar, de corpo e protesto presentes, o depoimento daquela autoridade contra a minha pessoa, no processo que me é movido como incurso na Lei de Segurança do Estado. Irei acompanhado de meus advogados – Nelson Hungria, Virgílio Donnici, Clemente Hungria e Jorge Wanderley –, e, na certa, o senhor ministro da Guerra estará acompanhado de seus assessores ou conselheiros.

Espero que tudo corra bem, dentro das normas civilizadas que fizeram nascer a Justiça, o Direito e os ritos processuais. Nos primeiros dias desta quartelada, quando nem de longe imaginava que um dia seria réu, escrevi uma crônica intitulada "RES SACRA REUS". Lembrei às autoridades que o réu é uma coisa sagrada – isso no instante em que as acusações valiam como provas, as ofensas, como denúncias, e a força, como direito final. Hoje, em causa própria, exijo o tratamento digno que a minha pessoa – como réu e como homem – merece. Não poderei, devido à condição de acusado, interferir ou revidar qualquer ofensa ou desacato. Espero que o meritíssimo juiz faça valer sua autoridade no caso de qualquer engrossamento. E meus advogados lá estarão para lembrar o tratamento que o acusado merece e exige.

De minha parte, reservo-me o prazer e o dever de responder a qualquer violência moral que me seja cometida. Tenho família, mulher, duas filhas, amigos, uma obra literária em meio de seu curso – isso que constitui o meu

Charge publicada no *Correio da Manhã*, quando depuseram Austregésilo de Ataíde, Carlos Drummond de Andrade e Alceu Amoroso Lima no processo movido pelo general Costa e Silva, então ministro da Guerra (1965).

patrimônio pessoal e moral não poderá ficar ao arbítrio de um fígado qualquer, ainda que esse fígado seja ministerial e bélico.

Entendo que o ministro da Guerra faça cerrada carga contra mim. Somos adversários, combati-o com firmeza, a ele e àquilo que passou a representar. Mas não tolerarei que esta cerrada carga transcenda o plano exclusivamente político e público. Sou processado por artigos que aqui escrevi, em tiragens compactas de milhares de exemplares. Nada contra a minha vida pessoal ou profissional foi provado, apesar de muito investigarem e fuçarem por aí. Aceito, compreendo e respeito os pontos de vista do general Costa e Silva. Mais: acredito que, dentro das atuais condições, o general Costa e Silva vem se portando exemplarmente no que me diz respeito. Até hoje não conseguiu que alguns oficiais mais exaltados atentassem contra a minha integridade. E, na hora de fazer aquilo que ele chama de "punir", procurou o meio legal – embora não o adequado. Apontou-me ao Judiciário, o que é certo, mas de forma errada: através da Lei de Segurança do Estado, quando, na realidade, deveria fazê-lo através da Lei de Imprensa.

Mas essas questões pertencem aos meus advogados. Quero deixar bem clara a humildade com que me submeto à Justiça. Mas essa humildade não será sinônimo de humilhação. Os tribunais passam, as leis se transformam, os ministros são depostos ou demitidos – mas há uma coisa que fica, que terá de ficar, queira ou não queira o senhor ministro da Guerra: a dignidade do ser humano.

No instante em que sou levado aos tribunais, em condições adversas, visitando o leão em sua cova, exijo respeito do adversário. Respeito que, de resto, nunca deixei de prestar ao antagonista, combatendo-lhe as ideias, a sintaxe e os meios de que se utiliza, mas nunca esquecendo de render homenagem à sua honrada vida pessoal.

Irei ao seu gabinete de cabeça erguida. E de cabeça erguida de lá sairei. A História dá muitas voltas, e – em curto ou longo prazo – o forte de hoje poderá ser o pigmeu de amanhã.

Cabezas trocadas

Pouco antes da edição do Ato Institucional nº 2, em 1965, um grupo de intelectuais aqui do Rio lançou um jornal cujo título e mensagem principal era *Reunião*. Pretendia-se fazer o que agora as esquerdas tentam: reunir o povo contra o governo. Apesar de sentir um calafrio mais na alma do que na espinha quando me chamam de intelectual, fiz parte desse grupo quixotesco que foi, segundo creio, o primeiro órgão de uma imprensa que depois seria rotulada de alternativa.

Durou três números, pois com a edição do AI-2 ficaria impossível falar ou pensar em qualquer tipo de reunião que criticasse o regime totalitário. Mal-informados, nem suspeitávamos de que o pior viria ainda, três anos mais tarde.

No primeiro número de *Reunião*, a página nobre foi escrita pelo Paulo Francis, que bolou um artigo sob o título "A falência das esquerdas". Naquela época, o artigo foi considerado injusto e derrotista. De tal maneira pressionaram o Paulo que ele alterou o título para "A crise das esquerdas". Não me lembro de seus argumentos e considerações. Mas a ira que provocou em certos setores da oposição foi tal e tamanha que deram razão ao Paulo: ele havia apontado dolorosa ferida que nunca cicatrizou de todo.

Nesse tempo, depois de longo e consciente estágio na alienação total, eu era tido como homem de esquerda. O fato é que havia uma situação de grave emergência humana que arrastara e enrolara a vida institucional e política do país. Foi nessa emergência do homem que me engajei, embora reconhecendo que o homem é um animal em permanente emergência. Há emergências mais graves do que outras, e aquela era uma delas.

Sem jornal para gritar, esse grupo formado em torno de *Reunião* (Ênio Silveira, Nelson Werneck Sodré, Flávio Rangel, Joaquim Ignácio Cardoso, Paulo Francis, Alex Viany, Antônio Callado, Márcio Moreira Alves e outros), já sendo alternativo em termos de imprensa, quis ser alternativo na rua – e foi mesmo para a rua, fazer um protesto contra o governo durante reunião da OEA no Hotel Glória.

Fomos sumariamente jogados num velho camburão que nos despejou no quartel da PE, na rua Barão de Mesquita, endereço que se tornaria um dos emblemas da repressão. A imprensa bem comportada chamou-nos de vulgares arruaceiros. No grupo estava Glauber Rocha. Ele não havia participado dos preparativos que tornaram possível a modesta manifestação. Fora à editora tratar de um assunto pessoal, estava começando a montagem da produção de *Terra em transe*, soube que haveria aquela arruaça contra o regime e lá foi, por curiosidade. Quando viu a polícia baixar o sarrafo em amigos seus, apresentou-se voluntariamente como manifestante e como tal foi encanado.

O oficial de dia chamou-nos aos pares, ele e eu fomos os primeiros a ser fichados. A inspeção preliminar consistiu num vexame. Ficamos nus, segurando nossas roupas e sapatos, em posição de sentido. Essa cerimônia – segundo me explicaram depois – ajudava a desmoronar o que restava do moral dos presos. Ainda estávamos nus, olhando um para o outro e sendo examinados pelo oficial de dia, quando o telefone tocou. Era alguém do Ministério da Justiça recomendando que tivéssemos um tratamento diferenciado dos demais prisioneiros. Os outros presos foram dispensados da cerimônia.

Preenchidos os formulários, Glauber foi o primeiro a entrar na cela escura que nos destinaram. Vi-o sumir na escuridão, arrastando seus trecos, baixinho, cabeludo e nu. Depois foi a minha vez. Não sabia o que nos esperava e me senti desconfortável na escuridão de um aposento que desconhecia. Era uma volta ao nada, ao absoluto nada da condição humana. Mas ouvi a voz de Glauber, tranquila, sensata – ele, que nunca era tranquilo e sensato. Pediu que tomasse cuidado com uns baldes em frente à porta, nos quais esbarrara, caíra e machucara levemente o joelho.

Aquela voz firme e solidária ficou em mim, ainda a ouço, em alguns trancos da vida. Depois aconteceram outras coisas, Glauber elogiou Golbery e Geisel, abraçou Figueiredo em Lisboa, falava em ser ministro da Cultura. Mudou quem? Mudamos todos. Ao contrário do que aconselhavam os antigos, as esquerdas se habituaram primeiro a filosofar, depois a viver. *Primum philosophare, deinde vivere.*

Glauber era considerado de esquerda. Com um cinema altamente politizado, demente até a genialidade e gênio até a demência, ele quis fazer e depois cortar cabeças, ou *cabezas* – como gostava de escrever. Continuou o mesmo, sem saber dirigir automóvel, desempregado crônico, fazendo filmes cada vez mais complicados e menos assistíveis.

O Brasil de 1997 é, em muitos sentidos, o filme certinho que Glauber sempre se recusou a fazer. Tem bom acabamento exterior mas é bastante confuso nas entranhas. O Paulo Francis devia ter razão quando falou na falência das esquerdas, anos antes da queda do Muro de Berlim. Vivemos um tempo de "*cabezas*" que não foram cortadas mas estão cada vez mais trocadas.

AI-5

Encostava o carro na garagem do prédio onde morava, no Leme, o desconhecido aproximou-se e me comunicou que o general-comandante da Região Militar desejava falar comigo.

A primeira reação foi estranhar o convite:

– A essa hora?

Eram onze e meia de 13 de dezembro de 1968.

O desconhecido disse que sim. Quatro outros desconhecidos rodearam o carro. Seria a terceira prisão de uma série de seis.

– Não tenho nada a falar com o general. Não o conheço nem ele me conhece. Deve haver algum engano. – Eu sabia que aquilo não adiantava, mas queria ganhar tempo para procurar entender o que estava acontecendo.

O desconhecido abriu a porta do carro e mudou o tom da voz:

– Vamos andando que o general tem pressa!

Uma Kombi saiu das entranhas da garagem, desde cedo estivera ali, à minha espera. Os quatro desconhecidos tinham armas na cintura, um deles exibia e apontava a pequena metralhadora:

– É melhor não complicar!

Perguntei se podia dar um pulo em casa, avisar a família, apanhar algumas coisas. Não. Que eu fosse inteligente e não criasse embaraços. Seria melhor para todos.

Na Kombi, enfiaram-me um capuz escuro que cheirava a suor e a saco de algum cereal não identificado. Quando o tiraram, meia hora depois, entrávamos no enorme pátio de um quartel. O coronel se apresentou e pediu desculpa pelas instalações. Um aspirante conduziu-me à cela. Com entusiasmo, o rapaz, quase uma criança, comunicou que naquela noite seriam fuzilados Juscelino Kubitschek, Carlos Lacerda e mais uma porção de gente.

– Tem um cara lá na cela esperando por você.

A cela era grande, fracamente iluminada. Num catre, com febre de 39 graus, Joel Silveira fez uma pergunta que já era uma resposta:

– O que estamos fazendo aqui?

O ato fisiológico

Quinze anos depois, aí estão as crônicas que escrevi em 1964, a partir do dia 2 de abril, na pressa e nas limitações da época, da profissão e do meu temperamento. São constantes, até hoje, as interpelações que recebo de vencidos e vencedores do golpe militar. Desagradei a todos – tenho consciência e honra nisso.

Já era tempo, creio, de ter escrito com maior profundidade e isenção sobre o movimento de 64. Havia programado um ensaio, juntei depoimentos, fiz pesquisas esparsas – mas descobri que o tema nada tem a ver comigo. Não me considero um animal político. Minha reação, naquele ano, foi essencialmente fisiológica. Mais do que nunca, sei hoje que não sou um intelectual. Continuo recusando qualquer ideologia das muitas que andam pelo mercado. Como animal ofendido e humilhado, sei que lado devo atacar. O meu adversário não está na direita ou na esquerda. O meu inimigo é aquele que, em nome de uma ideologia, em nome de uma tática, uma estratégia, uma ética ou uma estética, viola o ser humano, o animal homem que merece respeito e dignidade, sobretudo quando, na sua bela condição de animal, comete erros, cai em contradições, segue uma trilha equivocada.

Dirão que a minha atitude é cristã. Recuso também esse rótulo. Antes do cristianismo, filósofos pré-socráticos já davam a dica: sem deuses e sem ideais, os homens se tornam mais puros e capazes de se aturar. E foi em nome de deuses, foi em nome de ideais (e não importa discuti-los) que ao longo da história todos os crimes foram cometidos contra a pessoa humana.

Minha explosão em 1964 não teve nada de política – disse-o na ocasião e repito agora. Relendo minhas crônicas da época, descubro que caí em injustiças, principalmente quando generalizava, prendendo-me ao esquema simplista e esquemático do panfleto. Não tenho nada contra a classe militar nem contra classe alguma. Condenei – com a veemência que a situação exigia – os desmandos de alguns militares que tomaram o poder e nele permaneceram, logo se transformando em políticos profissionais. Combati a força e o arbítrio. Para mim, não estava em causa nenhuma questão política, mas o ser humano violentado.

Muitos julgaram que eu pretendia uma carreira política. Ou, pelo menos, uma permanência no jornalismo político. Alguns amigos chegaram a pensar que, afinal, eu me politizara. Em 1967, publiquei um romance (*Pessach: a travessia*) que alguns leitores e críticos consideraram uma incursão à ficção política. Na verdade, apenas utilizei fatos, nomes e situações que andavam no ar para compor o mesmo painel pretendido em meus outros romances – todos fisiológicos também. No palco de um grande teatro, dançando *Giselle* (*Balé branco*), ou no seminário, aprendendo a declinar *rosa, rosae* (*Informação ao crucificado*), o animal homem, independentemente de épocas ou camadas sociais, traz dentro de si o embrião de um conflito eterno, monótono e frio. Não é a luta política ou social que redime o homem. Ele merece amor, mesmo quando não é digno de redenção, como de fato não o é. Acredito que os males sociais e os problemas existenciais começaram quando o homem se julgou o Rei da Criação. Não vejo vantagem em ser o rei das pulgas, dos siris, das avencas e das beterrabas. A soberba nos expulsa, a cada instante, do único paraíso possível e do qual permanecemos exilados.

Recusei sistematicamente os apelos de engajamento, antes e depois de 1964. Não participei da furiosa alacridade que reinava nas esquerdas ao tempo de Goulart. Tampouco sinto qualquer atração pelo suspeito neoudenismo de bacharéis e sociólogos que se alçaram à liderança das oposições ao atual regime militar.

Recusei também ser um gigolô das esquerdas, papel que durante algum tempo tentaram me impingir à força. Deixei de bom grado essa função para artistas de vários níveis que souberam, com entusiasmo e proveito, cafetinar os ressentimentos daqueles que preferem ter orgasmos com pênis alheios.

Finalmente, para melhor me situar diante do que aconteceu nesses quinze (quarenta e quatro) anos que nos separam da longa e continuada quartelada de 1964, gostaria de remeter os leitores, que a tanto se interessarem, à crônica "Compromisso e alienação", escrita no dia 1º de novembro de 1964. Eu estava sendo processado pelo ministro da Guerra como incurso em não sei quantos artigos, parágrafos e alíneas da Lei de Segurança Nacional. Meu advogado, Nelson Hungria, impetrou mandado de segurança no Supremo Tribunal Federal, tive ganho de causa, continuei sendo processado não mais pela LSN, mas pela Lei de Imprensa. Fui condenado mais tarde, mas isso é problema meu. Ao terminar o mês de outubro daquele ano, dei por encerrada minha participação na luta contra o golpe de abril. Bem verdade que, pouco depois, em novembro de 1965, fui para a rua protestar contra o Ato Institucional nº 2, juntamente com amigos, por ocasião de uma conferência da OEA no Hotel Glória. E minhas numerosas prisões antes e depois do AI-5 não deixaram de ser uma forma de consciente participação. Mas ao escrever a crônica citada, dei por terminada minha meteórica aparição no jornalismo político. Já havia então numerosos escribas de melhor porte, que com maior técnica e mais acurada sensibilidade cumpriam o dignificante papel de consciência social no triste momento de nossa história.

Disse na ocasião, o que repito aqui: "Acima de qualquer compromisso para com a pátria ou para com o povo, tenho um compromisso para comigo mesmo. E é em nome desse compromisso que continuarei sendo o que sou, independentemente do aplauso, da vaia, da glória ou da miséria".

A revolução dos caranguejos*
(depoimento pessoal sobre o golpe de 64)

Nos começos de 1964, instalara-se radicalmente (e simploriamente) no cenário nacional a mesma divisão esquemática que cindira a Convenção francesa, quase dois séculos antes. Fora da dicotomia esquerda-direita – que transformava o debate político e cultural numa espécie de partida de futebol em que a maioria torce e alguns poucos jogam –, qualquer outro tipo de assunto era tido como conversa para boi dormir – hipérbole rural, gostosamente bucólica, que caía em desuso, substituída pela divisão mais atualizada entre alienados e engajados, por sinal, outro galicismo que tardiamente se incorporava à linguagem da época.

Aproveitando o recesso parlamentar, e criando uma pressão incontrolável sobre a sessão legislativa de 1964 que se inauguraria dias depois, foi marcado o comício-monstro para 13 de março, na praça da República, diante da Central do Brasil, zona de grande concentração popular, sobretudo na hora do *rush*. E no coração mesmo da Cidade-Estado da Guanabara, que tinha Carlos Lacerda como governador e prefeito *ad hoc*, por acaso ou propósito o mais violento e letal adversário de Jango e de seu programa de reformas. Lacerda tentou várias manobras que impedissem o comício na hora de maior movimento do tráfego. Uma delas revelou-se contraproducente: decretou

* O texto foi publicado em *Vozes do golpe* (São Paulo: Companhia das Letras, 2004).

feriado estadual naquele dia, pretendendo evitar que a massa de trabalhadores e funcionários viesse para a cidade.

Ao lado da Central do Brasil situava-se o então Ministério da Guerra – que não era exatamente um terminal ferroviário, mas funcionava como uma central mais importante, início e fim de muitas viagens pelos acidentados trilhos institucionais. Prevaleceu o mais forte da ocasião, o governo federal, e as lideranças sindicais conseguiram reunir uma multidão que os situacionistas calcularam em 300 mil pessoas e os oposicionistas em apenas 50 mil, ficando a diferença por conta dos ânimos que soem ser exaltados inclusive quando se trata de simples detalhe numérico.

Em Ipanema, na rua Nascimento Silva, um general quase desconhecido perdeu o sono depois de ouvir pelo rádio os discursos daquele comício. Chefe do Estado-Maior das Forças Armadas, o general Humberto de Alencar Castelo Branco acompanhava os movimentos políticos da época, mas o fazia com a cautela que um de seus amigos, o coronel Vernon A. Walters, adido militar da Embaixada dos Estados Unidos, considerava "digna de um membro de estado-maior".

Alguns militares, mais interessados na deposição de João Goulart, achavam que tanta cautela era apenas a clássica posição de ficar em cima do muro para ver no que iam dar as coisas. De qualquer forma, Castelo era um militar inteligente e, para os padrões de sua profissão, culto e cultivado.

Após ouvir os principais discursos do comício, começou a esboçar um texto que seria transformado, a 20 de março, em "Instrução Reservada dirigida aos Exmos. Srs. Generais e demais militares do Estado-Maior do Exército e das Organizações Subordinadas". Não era, ainda, um apelo ao rompimento definitivo das Forças Armadas com o governo. Mas era um sintoma que tinha, entre outros destaques, o de justificar, na prática, o adjetivo encontradiço em pronunciamentos desse tipo: *indormidos*.

Indormido, Castelo Branco gastou parte de sua noite na redação do documento, que é sucinto, bem-exposto e, como diria o general Mourão Filho em seu diário, "não chovia nem molhava".

No Palácio Laranjeiras, João Goulart chegou esbodegado pelo cansaço e pelas emoções do comício. Vestiu o pijama e declarou à sua mulher: "Estou pregado!". E dormiu.

Como ele, a maioria do povo brasileiro também foi dormir, menos alguns militares e paisanos que, havia meses, conspiravam para depô-lo.

O fim de março se aproximava. A última semana do mês seria de recesso: a Páscoa cairia no dia 29. A partir do dia 25, quarta-feira santa, o país na certa pararia – e a crise também. O santificado hiato faria bem a todos. Membros do próprio governo, como Jango e Abelardo Jurema, ministro da Justiça, partiriam para descansar em fazendas de amigos. Diversos dispositivos militares estavam em alerta para desfechar um movimento, alguns contra, outros a favor do governo. Estes, porém, limitavam-se a uma ficção na qual toda a esquerda acreditava.

De Juiz de Fora, em companhia de sua mulher, o general Olímpio Mourão Filho, comandante do IV Exército, foi visitar igrejas em Ouro Preto. O governador Magalhães Pinto, de Minas Gerais, mais esperto do que o general, costurava a conspiração golpista, afinal todos os dias são santos, dias do Senhor, ele não iria parar por causa de uma semana santificada ou não.

Lacerda fora informado de uma agitação na Marinha, mas parecia assunto menor, marinheiros que desejavam se vestir à paisana quando não estivessem em serviço.

Na Barra da Tijuca, uma equipe dirigida por Glauber Rocha tomava as últimas cenas de *Deus e o diabo na terra do sol* – mar virando sertão, sertão virando mar. Brigitte Bardot passeava pelas praias de Búzios.

Com uma crise de apendicite – e aqui começo a falar mais do meu umbigo do que do golpe militar –, internei-me no Hospital Evangélico, na Tijuca, sendo operado pelo meu primo Nelson e pelo meu irmão José, na véspera do meu 38º aniversário. Avisara à redação do *Correio da Manhã* que ficaria uns dias de molho.

Os grupinhos de jovens, que começavam a assumir uma outra espécie de poder, ouviam o mais espantoso fenômeno musical da época: os Beatles, uns rapazes de Liverpool que, agrupados num conjunto de *rock*, cantavam "A Hard Day's Night". Foi a última música que ouvi, no rádio do carro que me levava para o hospital da rua Bom Pastor.

Começava a noite de um dia muito difícil.

...

Duas semanas depois, já em casa, na rua Raul Pompeia, em Copacabana, recebi o telefonema de Carlos Drummond de Andrade, meu vizinho, que morava na rua Conselheiro Lafaiete. Trabalhávamos no mesmo jornal, ele escrevendo a crônica do primeiro caderno, sob as iniciais *CDA*, e eu a do segundo caderno, sob o título genérico de "Da arte de falar mal". Drummond me telefonava sempre para saber de minha recuperação e naquela tarde de 1º de abril, sabendo-me já restabelecido, convidou-me a sair com ele, para dar uma volta pelo Posto 6, onde, segundo ouvira no rádio, tropas militares estariam invadindo o Forte de Copacabana, presumível reduto das forças dispostas a defender até a morte o governo de João Goulart.

Aleguei que seria a primeira saída após a cirurgia, e que estava chuviscando. Drummond disse que levaria um guarda-chuva e que uma caminhada me faria bem. Cinco minutos depois, ele me esperava na portaria do Edifício Renoir, com um guarda-chuva típico de mineiro precavido, quase do tamanho de uma barraca de praia. Considerando-me frágil, segurou meu braço e fomos assuntar a história pátria que se fazia em nossos domínios.

Pelo caminho, ele me contou que o forte já fora tomado pelos rebeldes (tropas contrárias ao governo), que um general chamado Montanha dera um tapa no sentinela que tentara impedir sua entrada na zona militar. Entrevistado por um repórter da TV Rio, cuja sede era bem à frente da entrada principal do forte, o general declarara que estava quieto em seu canto, mas ao ler o editorial do *Correio da Manhã* daquele dia, intitulado "Fora!", decidira apanhar seu S&W 45 e ir à luta contra João Goulart e o bando de comunistas que estava no poder.

Sabendo que eu pertencia à equipe de editorialistas do jornal, Drummond perguntou-me sobre a autoria daquele texto, bem mais contundente do que o da véspera, que tivera como título "Basta!". Mesmo não sendo mineiro como ele, respondi mineiramente. Os dois editoriais tinham sido, como acontece em todos os jornais, uma obra coletiva que expressava a opinião do jornal. No primeiro ("Basta!"), Edmundo Moniz me telefonara antes de descer o texto à oficina. Pela violência do editorial, ele queria me dar ciência dele – afinal, eu fora o único editorialista ausente daquela reunião.

Pediu-me que colaborasse com alguma sugestão, eliminando ou acrescentando alguma coisa. Limitei-me a declarar que, estando fora da redação naqueles dias, nada tinha a acrescentar ou a eliminar, mas, seguindo a tradição do ofício, devo ter trocado um ou outro advérbio de modo, mexendo em duas ou três palavras. Edmundo apreciava meus textos, e se eu substituísse um "bonito" por "belo" ele se dava por satisfeito.

Como a situação nacional permanecia crítica, ele me avisara que já estava preparando um outro editorial ("Fora!"), para o dia seguinte. Com a turma de sempre, Osvaldo Peralva, Newton Rodrigues, José Lino Grünewald, Otto Maria Carpeaux, Armando Miceli, Marcio Moreira Alves, Hermano Alves e outros, o texto seria mais contundente. Como no caso anterior, ele leu para mim o novo editorial. Limitei-me a duas ou três pequenas inserções.

Era tudo o que eu, na ocasião, podia informar a Drummond, que me parecia entusiasmado com os dois editoriais. E como o poeta estivera na redação no dia anterior, tive a certeza de que o *Correio* havia expressado a opinião do corpo editorial como um todo, o que, diga-se de passagem, nem sempre acontece no dia a dia da profissão.

Chegamos ao final da praia, no quarteirão entre as ruas Joaquim Nabuco e Francisco Otaviano. Soldados e oficiais, à paisana, enchiam sacos de areia e com eles impediam o acesso àqueles últimos metros da avenida Atlântica. Um oficial gordo, que do uniforme de campanha só tinha a cartucheira em volta da enorme cintura, com a ajuda de alguns soldados igualmente à paisana, arrumava uns paralelepípedos no meio da pista, encostados aos sacos de areia. Havia uma obra na calçada e um monte de pedras ali juntadas para reposição. Os soldados as traziam, e o oficial, concentradamente, colocava uma em cima de outra, armando uma espécie de trincheira.

Não havia sinal de batalha ou de violência iminente. Fui até o oficial e perguntei para que era aquilo tudo. Ele me olhou com seriedade, custou a responder, finalmente disse em voz baixa, como se revelasse um segredo de estado-maior:

– Tomamos o forte. Mas se os tanques do I Exército vierem retomá-lo, teremos de impedi-los.

De pergunta em pergunta, ficamos sabendo que a tomada do Forte de Copacabana era praticamente a vitória dos rebeldes contra o governo de João Goulart. Os estrategistas do golpe supunham uma desesperada resistência por parte das tropas sediadas no Rio, que estariam preparadas para enfrentar o exército que o general Amaury Kruel estaria trazendo de São Paulo para, juntamente com o exército do general Mourão Filho, vindo de Juiz de Fora, ocupar o Rio, presumível foco de aliados do governo que estava sendo deposto.

Assim informados, Drummond e eu decidimos voltar para casa, teríamos melhor conhecimento da situação ao lado do rádio e da TV, que estavam excitadíssimos, com a cobertura integral daquele vaivém de soldados, tanques e canhões pelas ruas do Rio, atravancando o tráfego e sendo fotografados à saciedade.

Um tiro explodiu perto de nós, e uma pequena nuvem de fumaça elevou-se na esquina da Atlântica com a Joaquim Nabuco.

Antes que houvesse uma correria, um início de pânico, procuramos abrigo na praia, pulando para a areia do Posto 6, areia já manchada de sangue em 1922, em outra tentativa militar de depor um presidente. Quando se trata de política, o raio costuma cair sempre nos mesmos lugares.

O nível da pista era de aproximadamente um metro acima da praia, ali estaríamos abrigados de uma bala perdida que sobrasse para nossos lados.

Felizmente, fora um tiro isolado. A fumaça logo se desfez, e voltamos à pista para ver o que teria acontecido. E estava acontecendo ainda. Um oficial somente com a calça do uniforme da Marinha, com a arma ainda quente do disparo, chutava alguma coisa no chão. Era um rapaz de *short* esmolambado, busto magro e nu, molhado pelo chuvisco que continuava caindo. Ficamos sabendo que o rapaz, operário de construção numa obra ali perto, havia dado um "viva Brizola!" (ou um "viva Jango!"), provocando a ira do oficial. O tiro fora dado para o ar, tiro de intimidação segundo as regras militares, mas os chutes não eram de simples intimidação, eram violentos, nas costelas magras e indefesas do operário.

Quase ao mesmo tempo, um clamor percorreu a avenida Atlântica. O rádio havia noticiado que a tropa sediada no Rio não lutaria contra as tropas que vinham de São Paulo e Minas Gerais. Houvera uma reunião dos chefes militares na Escola Militar das Agulhas Negras, no meio do caminho, em Resende, não mais seria derramado o sangue de irmãos. Era o fim do governo Goulart, o "fora" que o *Correio da Manhã* havia pedido naquela manhã.

Voltamos para casa. Drummond com aquela famosa cabeça baixa, como se estivesse pisando um chão de ferro, ferro de Itabira. Reparei que ele estava contraído, o maxilar inferior tenso, fazendo estremecer a carne de seu rosto magro. Não sei o que estaria pensando. Ou melhor: sabia.

Continuamos em silêncio, nada havia a comentar. Ele me deixou em casa, elogiei-lhe o imenso guarda-chuva. Convidei-o a subir para tomar um café, ele agradeceu e recusou.

Na minha ausência de casa, haviam telefonado do jornal perguntando se eu mandaria alguma crônica para o dia seguinte. Eu estava de recesso, desde o dia 13 não escrevia nada. O Aloísio Gentil Branco, secretário da redação, sugeria que eu escrevesse alguma coisa.

Sentei-me no escritório, abri a Remington semiportátil que estivera desativada quase três semanas e escrevi:

Da salvação da pátria

Posto em sossego por uma cirurgia e suas complicações, eis que o sossego subitamente se transforma em desassossego: minha filha surge esbaforida dizendo que há revolução na rua.

Apesar da ordem médica, decido interromper o sossego e assuntar: ali no Posto 6, segundo me afirmam, há briga e morte. Confiando estupidamente no patriotismo e nos sadios princípios que norteiam as nossas gloriosas Forças Armadas, lá vou eu, trôpego e atordoado, ver o povo e a história que ali, em minhas barbas, está sendo feita... Vejo um heroico general à paisana comandar alguns rapazes naquilo que mais tarde o repórter da TV Rio chamou de "gloriosa barricada". Os rapazes arrancam bancos e árvores. Impedem o cruzamento da avenida Atlântica com a rua Joaquim Nabuco. Mas o general destina-se a missão mais importante e gloriosa: apanha dois paralelepípedos e concentra-se na brava façanha de colocar um em cima do outro.

Estou impossibilitado de ajudar os gloriosos herdeiros de Caxias, mas vendo o general em tarefa aparentemente tão insignificante, chego-me a ele e antes de oferecer meus préstimos patrióticos, pergunto para que servem aqueles paralelepípedos tão sabiamente colocados um sobre o outro.

– General, para que é isso?

O intrépido soldado não se dignou a olhar-me. Rosna, modestamente:

– Isso é para impedir os tanques do I Exército!

Apesar de oficial da Reserva – ou talvez por isso mesmo –, sempre nutri profunda e inarredável ignorância em assuntos militares. Acreditava, até então, que dificilmente se deteria todo um exército com dois paralelepípedos ali na esquina da rua onde moro. Não digo nem pergunto mais nada. Retiro-me à minha estúpida ignorância.

Qual não é meu pasmo quando, dali a pouco, em companhia do bardo Carlos Drummond de Andrade, que descera à rua para saber o que se passava, ouço pelo rádio que os dois paralelepípedos do general foram eficazes:

o I Exército, em sabendo que havia tão sólida resistência, desistiu do vexame: aderiu aos que se chamavam de rebeldes.

Nessa altura, há confusão na avenida Nossa Senhora de Copacabana, pois ninguém sabe ao certo o que significa "aderir aos rebeldes". A confusão é rápida. Não há rebeldes, e todos, rebeldes ou não, aderem, que a natural tendência da humana espécie é aderir.

Os rapazes de Copacabana, belos espécimes de nossa sadia juventude, bem nutridos, bem fumados, bem motorizados, erguem o general em triunfo. Vejo o bravo cabo de guerra passar em glória sobre minha cabeça.

Olho o chão. Por acaso ou não, os dois paralelepípedos lá estão, intactos, invencidos, um em cima do outro. Vou lá perto, com a ponta do sapato tento derrubá-los. É coisa relativamente fácil.

Das janelas, cai papel picado. Senhoras pias exibem seus pios e alvacentos lençóis, em sinal de vitória. Um Cadillac conversível para perto do Six e surge uma bandeira nacional. Cantam o Hino Nacional e declaram todos que a pátria está salva.

Minha filha, ao meu lado, exige uma explicação para aquilo tudo.

– É Carnaval, papai?

– Não.

– É campeonato do mundo?

– Também não.

Ela fica sem saber o que é. E eu também fico. Recolho-me ao sossego e sinto na boca um gosto azedo de covardia.

. . .

Até então, eu nunca escrevera especificamente sobre qualquer fato político. Tanto no *Jornal do Brasil* (suplemento literário) como no *Correio da Manhã*, o tema dos meus artigos e crônicas eram comentários ou reflexões sobre cinema, música, literatura, história, comportamento. Cultivava um entranhado desprezo pelo fato político. Como repórter eventual, cobrira a deposição de um presidente na Argentina, em 1962. Pouco antes, na crise provocada pela renúncia de Jânio Quadros, tendo o governo do Estado proibido o jornal de circular, fui com amigos distribuir alguns exemplares no largo da Carioca, usando meu carro, um complicadíssimo Henry Jr., como transporte. Fomos presos, permanecemos até altas horas no Dops da rua da Relação, que, por sinal, era bem próximo da nossa redação. Comigo estavam o editor do Segundo Caderno, Fuad Atala, os copidesques José Louzeiro, Álvaro Mendes e Aziz Ahmed.

É possível que tenha escrito editoriais ou tópicos sobre aquela crise, mas sem assinatura, na tarefa corriqueira do corpo editorial, onde havia naturais revezamentos. E, sinceramente, acreditava que aquela crônica seria a última, pois não queria dar o braço a torcer, atolando-me numa temática que desprezava.

...

Cheguei à redação no dia seguinte sem ter lido o jornal para saber das novidades. Encontrei na minha mesa um bilhete gentil de Niomar Moniz Sodré Bittencourt, proprietária do *Correio da Manhã*, dando-me as boas-vindas após os dias de convalescença. Nenhuma palavra sobre a crônica. Alguns companheiros, veladamente, mostravam-se preocupados com o meu emprego, uma vez que o jornal, em linhas gerais, havia saudado o golpe com discrição. O único texto que continha uma crítica ao movimento da véspera, uma crítica circunstancial, periférica, tinha sido o meu.

No meio da tarde, recebi o primeiro telefonema. Heloísa Ramos, viúva de Graciliano, nunca me telefonara, nossos encontros eram formais, em reuniões literárias ou em casa de amigos comuns. Ela disse que sentira na minha crônica alguma coisa do velho Graça, que ele certamente gostaria de ter escrito alguma coisa naquele gênero. Tomei aquilo como um elogio. Mas logo um outro telefonema me esfriou. Era do próprio Drummond, que fez um discurso sucinto que me alarmou: "Um abraço". Somente isso: um abraço. Bolas, havíamos nos abraçado na véspera, aquela economia verbal, exagerada até num poeta como ele, me parecia suspeita.

No final da noite, outros colegas se aproximaram, receosos, perguntando se eu havia recebido alguma advertência da direção ou qualquer bronca anônima ou não. Estranhei a preocupação deles e somente em casa, ao ler os jornais daquele dia, percebi que todos haviam saudado o golpe, uns com entusiasmo, outros com moderação. Por 24 horas, acredito, minha crônica ficou sendo o patinho feio da imprensa. Bem mais tarde, já digerido o impacto daqueles tempos, lembrei-me de uma piada do Juquinha, personagem de várias anedotas, uma espécie de Bocage infantil, sempre pensando em mulher e em sacanagem.

Na escola que Juquinha frequentava, a professora obrigava os alunos a se levantarem quando ela chegava, e a dizer em coro: "Bom dia, professora!". Juquinha estava resfriado, não foi à aula, e a professora decidiu mudar a regra do jogo: que ninguém se levantasse quando ela chegasse, nem desse o "Bom dia, professora!". Acontece que não avisaram o Juquinha, e quando, no dia seguinte, a professora chegou para a aula, ele se levantou e disse em voz mais ou menos alta o que sempre costumava dizer: "Chegou a puta da professora!".

Foi mais ou menos assim que me senti. O clima da imprensa nacional, naquela ocasião, era marcado e patrulhado por uma esquerda assanhada, gulosa de tomar o poder. Com exceção dos órgãos mais conservadores (*Estado de S. Paulo* e *O Globo*), o restante da mídia defendia com histeria as reformas anunciadas pelo governo, sobretudo a constitucional, a agrária e a cambial, propunha-se uma nova lei da remessa dos juros, a nacionalização de bancos e empresas estrangeiros. Predominava um sentimento antiamericano, explícito e virulento. Sindicatos no poder, solidariedade com os povos afro-asiáticos, o temário usual de um país que se liberta do sistema capitalista e se agrega ao sistema socialista. Os principais colunistas, os formadores de opinião, professores das principais universidades, intelectuais de todos os calibres, enfim, a *intelligentzia* estava toda à esquerda, e eu próprio era amaldiçoado por ser alienado, dedicando-me a temas literários ultrapassados, sem nunca abordar a luta social, recusando-me ao engajamento nas grandes causas da época.

Pois me senti o Juquinha da anedota. Falara sozinho, mal e canhestramente, mas dera o meu recado. O abraço que Drummond me mandara era meio sinistro, parecia um abraço de pêsames. E a preocupação dos colegas de redação aumentava o grau do risco que começava a correr. Como não tinha intenção de continuar naquela linha, dei-me por satisfeito com aquela primeira crônica.

Dias depois, saiu em jornais do Rio uma extensa matéria paga, sob a responsabilidade de um grupo de democratas, pedindo a prisão dos signatários do Manifesto do Comando dos Trabalhadores Intelectuais, um documento divulgado em outubro do ano anterior e que tivera origem no Comitê Cultural do Partido Comunista, explicitada nas primeiras assinaturas do texto. Evidente que o manifesto recebeu adesões fora do partido.

Transcrevo o manifesto:

Comando dos Trabalhadores Intelectuais

Compreendendo a necessidade de maior coordenação entre os vários campos em que se desenvolve a luta pela emancipação cultural do país – essencialmente ligada às lutas políticas que marcam o processo brasileiro de emancipação econômica – trabalhadores, pertencentes aos vários setores da cultura brasileira, resolveram fundar um movimento denominado Comando dos Trabalhadores Intelectuais (CTI).

O CTI tem por finalidade:

a) congregar trabalhadores intelectuais, na sua mais ampla e autêntica conceituação;

b) apoiar as reivindicações específicas de cada setor da cultura brasileira, fortalecendo-as dentro de uma ação geral, efetiva e solidária;

c) *participar da formação de uma frente única, democrática e nacionalista, com as demais forças populares, arregimentadas na marcha por uma estrutura melhor da sociedade brasileira.*

Com este propósito de união são convocados todos os trabalhadores intelectuais que, estando de acordo com as finalidades da CTI, desejam nela atuar acima de personalismos ou de secundários motivos de dissensão.

Esta convocação nasceu do exercício da delegação de poderes que uma numerosa assembleia de intelectuais, reunida a 5 do corrente mês, deu a um grupo de 13 dos seus componentes, para que a representassem, durante a última crise política, junto às demais forças populares agrupadas contra as tentativas de golpe da direita e em defesa das liberdades democráticas. Como seu texto de base, foi elaborado o seguinte documento:

> *"Considerando que a situação política do país impõe a necessidade cada vez maior da coordenação e da unidade entre as várias correntes progressistas;*
>
> *considerando a inexistência de um órgão mediante o qual possam os intelectuais emitir os seus pronunciamentos e afirmar a sua presença conjuntamente com os demais órgãos representativos das forças populares;*
>
> *considerando que os acontecimentos recentes demonstraram a urgência da criação desse órgão capaz de representar de forma ampla o pensamento dos que exercem atividades intelectuais no país,*
>
> *os abaixo-assinados, por este documento, declaram fundado o CTI e solicitam a adesão dos intelectuais, convocando-os para a Primeira Assembleia Geral, a ser realizada no decorrer do mês de novembro, com o objetivo de eleger os seus organismos de direção.*

Rio de Janeiro, 7 de outubro de 1963.

(aa.) Alex Viany – Álvaro Lins – Álvaro Vieira Pinto – Barbosa Lima Sobrinho – Dias Gomes – Édison Carneiro – Ênio Silveira – Jorge Amado – M. Cavalcanti Proença – Moacyr Félix – Nelson Werneck Sodré – Oscar Niemeyer – Osny Duarte Pereira."

A este documento de fundação – ainda aberto para recebimento de adesões, em listas que podem ser encontradas, até o dia 31 de outubro, nas livrarias São José, Ler e Civilização Brasileira – já apuseram as suas assinaturas, passando assim a ser membro fundadores do CTI, os seguintes intelectuais:

DIREITO: *Max da Costa Santos (dep. federal) – Paulo Alberto M. de Barros (dep. estadual) – Sinval Palmeira (dep. estadual) – Modesto Justino de Oliveira – Hélio Saboya – Pedrylvio Ferreira Guimarães – Cláudio Pestana Magalhães.*

ARQUITETURA: *Flávio Marinho Rêgo – Júlio Graber – Bernardo Goldwasser – Edson Cláudio – Artur Lycio Pontual – David Weissam – Carlos Ebert – Hircio Miranda – José de Albuquerque Milanez – Bernardo Tuny Wetreich – Paulo Cazé.*

MEDICINA: *Mauro Lins e Silva (da direção da Associação Médica) – José Paulo Drummond – Álvaro Dória – Valério Konder – Mauro Lossio Leiblitz.*

LITERATURA: *Aníbal Machado – Álvaro Moreira – Adalgisa Nery – Geir Campos – Astrogildo Pereira – Paulo Mendes Campos – Eneida – José Condé – Joaquim Cardozo – Nestor de Holanda – Dalcídio Jurandir – Mário da Silva Brito – Miecio Tati – Ferreira Gullar – Reynaldo Jardim – Bernard Perez – Felix Athayde – Oswaldino Marques – Homero Homem – James Amado – Otávio Brandão – Esdras Nascimento – Luiz Paiva de Castro – Cláudio Mello e Souza – A . Pizarro Pereira Jacobina – João*

Felício dos Santos – Beatriz Bandeira – Ary de Andrade – Edna Savaget – Carlos Heitor Cony – Moacir C. Lopes – Campos de Carvalho – Sylvan Paezzo – Jurema Finamour – Guido Wilmar Sassi – Júlio José de Oliveira – Roberto Pontual.

CIÊNCIA: *José Leite Lopes – Jaques Danon.*

MÚSICA: *Carlos Lyra – José Luiz Calazans (Jararaca).*

TEATRO: *Francisco de Assis – Oduvaldo Vianna – Eurico Silva – Oduvaldo Vianna Filho – Gianfrancesco Guarnieri – José Renato – Flávio Rangel – Modesto de Souza – Tereza Rachel – Miriam Pérsia – Yara Sales – Luiz Linhares – Mário Brasini – Rodolfo Arena – Rafael de Carvalho – Ferreira Maia – Flávio Migliacio – Joel Barcelos – Rodolfo Mayer – Antonio Sampaio – J. Sebastião Amaro (Scandall) – Jackson de Souza – Ary Toledo – Agildo Ribeiro – Costa Filho – Celso Cardoso Coelho – Maria Gladis – Maria Ribeiro – Wanda Lacerda – Vera Gertel.*

ARTES PLÁSTICAS: *Di Cavalcanti – Iberê Camargo – José Roberto Teixeira Leite (diretor do Museu Nacional) – Djanir – Darel Valença – Poty Lazzarotto – Carlos Scliar – Kumbuka – Edith Behring – Lígia Papi – Silvia Leon Chalreo – Claudius.*

EDUCAÇÃO: *Heron de Alencar – Carlos Cavalcanti – José Carlos Lisboa – Emir Ahmed (da Confederação Nacional dos Professores) – Pedro Gouveia Filho – Sarah Castro Barbosa de Andrade – José de Almeida Barreto (da Confederação Nacional dos Professores) – Ony Braga de Carvalho – Robespierre Martins Teixeira – Iron Abend – Cursino Raposo – Miriam Glazman – Edwaldo Cafezeiro – Maria Lia Faria de Paiva – Dulcina Bandeira – Lauryston Gomes Ferreira Guerra – Antônio Luiz Araújo –*

Pedro de Alcântara Figueira – Marly Casas – Alberto Latorre de Faria – Rosemonde de Castro Pinto.

EDITORES: *Jorge Zahar – Carlos Ribeiro – Irineu Garcia – José Dias da Silva.*

CINEMA: *Joaquim Pedro de Andrade – Miguel Borges – Paulo César Saraceni – Nelson Pereira dos Santos – João Ramiro Melo – Sérgio Sanz – Fernando Amaral – Leon Hirszman – Glauber Rocha – Marcos Farias – Saul Lechtamaches – Carlos Diegues – Roberto Pires – Paulo Gil Soares – Eliseu Visconti – Walter Lima Júnior – Arnaldo Jabor – Mário Carneiro – Waldemar Lima – Ruy Santos – Luís Carlos Saldanha – David Neves – Fernando Duarte – Ítalo Jacques – Alinor Azevedo – Célio Gonçalves – Braga Neto.*

RÁDIO E TELEVISÃO: *Chico Anísio – Moacyr Masson – Teixeira Filho (secretário da Federação Nacional dos Radialistas) – Giuseppe Ghiaroni – Oranice Franco – Amaral Gurgel – Janete Clair – Hemílcio Fróes (diretor da Federação Nacional dos Radialistas e do Sindicato de Radialistas da Guanabara) – Nara Leão – Jorge Goulart – Nora Ney – Ênio Santos – Ísis de Oliveira – Newton da Matta – Gracindo Júnior – Neuza Tavares – Mário Monjardim – Maria Alice Barreto – Célia de Castro – Ilka Maria – Gerdal dos Santos – Rodney Gomes – Jonas Garret – Domício Costa – Walter Alves – Geraldo Luz.*

JORNALISMO: *Paulo Francis – Plinio de Abreu Ramos – Tati de Moraes – Luiz Luna – Heráclio Sales – José Guilherme Mendes – Cláudio Bueno Rocha – Luiz Quirino – Renato Guimarães – Darwin Brandão – Otávio Malta – Barboza Mello – Muniz Bandeira – Osmar Flores – Flávio Pamplona – Wilson Machado.*

ECONOMIA: Cid Silveira – Domar Campos – Oswaldo Gusmão – Cíbilis da Rocha Viana – Paulo Schiling – Wanderley Guilherme – Aristóteles Moura – Alberto Passos Guimarães – Theotônio Júnior – Helga Hoffmann – Jorge Carlos Leite Ribeiro.

...

Meu nome figurava no manifesto. Tomava café na rua Senador Dantas com o romancista Campos de Carvalho quando vimos Jorge Amado e Eneida de Morais na calçada. Eles iam a uma reunião no Teatro Serrador, pararam, esperaram que tomássemos o café. Jorge tirou de uma sacola o texto do manifesto e fez com que assinássemos. Fosse uma promissória, eu assinaria, por amor ao Jorge e respeito a Eneida. Na realidade, sequer passei os olhos pelo texto, sendo que Campos de Carvalho tampouco se interessou pelo seu conteúdo.

E agora, meses depois, dois jornais pediam a prisão de todos os signatários daquele documento, que, segundo o grupo de democratas, faziam parte do esquema comunista de assalto ao poder. Por isso, embora não quisesse me meter na seara política, escrevi no dia 7 de abril minha segunda crônica política.

O sangue e a palhaçada

Escondidos no pseudônimo coletivo, alguns valentes e cristãos personagens fizeram publicar em jornais desta praça, sob a responsabilidade e glória de "um grupo de democratas", o manifesto de fundação do Comando dos Trabalhadores Intelectuais (CTI), chamando a atenção do "alto Comando Militar" para a lista de signatários que trabalharam "ativamente para a implantação do governo comunista do sr. João Goulart".

Em sua parte essencial, o manifesto define as finalidades do CTI: "a) congregar trabalhadores intelectuais na sua mais ampla e autêntica conceituação; b) apoiar as reivindicações específicas de cada setor da cultura brasileira, fortalecendo-as dentro de uma ação geral, efetiva e solidária; c) participar da formação de uma frente única, democrática e nacionalista, com as demais forças populares, arregimentadas na marcha por uma estruturação melhor da sociedade brasileira".

Meu nome – e tenho muita honra nisso – figura e figurará em qualquer manifesto que, em essência, seja idêntico ou análogo ao que aí está. Tenho o direito de me congregar em sociedade. Tenho o direito e o dever de participar da luta por uma estrutura melhor da sociedade brasileira, pois não considero isso que aí está "melhor".

O manifesto é longo, e nem todos os seus considerandos merecem minha aprovação pessoal. Tampouco gostei do cediço e gasto "nacionalismo" que presidiu a um dos pontos essenciais do programa. Mas o sentido básico do movimento, a luta por uma coisa melhor, esta ficou bem explícita no manifesto, e não vejo razões para alterar minha opinião. Pelo contrário. Tenho, mais do que nunca agora, a certeza de que a sociedade brasileira precisa realmente de novas e melhores estruturas. Essa que aí está não presta mesmo.

É isso que, em termos de ficção, tenho procurado condenar em meus romances: a hipocrisia política, a hipocrisia sexual, a hipocrisia social, a hipocrisia religiosa. Não acredito que nem o alto nem o baixo Comando Militar compreendam a minha literatura. Não escrevo para ser lido por generais e acredito sinceramente que eles, além de não me compreenderem, não gostariam de minha literatura.

Mas não sou apenas escritor. Trabalho em jornal, em função das mais humildes, por sinal. Gasto minhas noites às voltas com os títulos, as legendas, as fotos, a diagramação, a oficina, cortando ali, metendo um sinônimo aqui, inver-

tendo uma frase no chumbo para dar na medida da página, funções inglórias e que em nada contribuíram para a implantação do governo do sr. João Goulart.

Quanto às minhas crônicas, os que me leem por tédio ou inadvertência devem ser lembrados do que sempre pensei do sr. João Goulart e de seu governo. Em crônica publicada no ano passado, às vésperas do plebiscito, crônica mais tarde incluída em livro editado pela Civilização Brasileira, deixei bem claro o meu pensamento a respeito de certa esquerda oportunista e desonesta que cercava o sr. João Goulart. À página 25 do livro Da arte de falar mal, *lá está: "Considero esta esquerda um aglomerado de imbecis que se escoram uns aos outros em defesa de teses – essas sim – necessárias". E lembro um personagem de* A idade da razão: *"Lembram aquele Gomez do romance de Sartre? Pois o camarada era comunista só porque era muito difícil ser Gomez".*

Continuo acreditando que nem o alto Comando Militar nem "o grupo de democratas" compreendam a minha posição. Não lhes quero mal por isso, pois não tenho o direito de exigir uma coisa de que são incapazes.

Não preciso da generosidade, da complacência ou da omissão de quem quer que seja. Não pedirei licença na praça da República ou na rua da Relação para pensar[1]*. Nem muito menos me orientarei pelos pronunciamentos dos líderes civis ou incivis do movimento vitorioso. Acredito que posso me dar ao luxo de pensar com a própria cabeça. Mais: acredito que cada qual deve ficar com a própria cabeça em seu lugar. Não é hora para degolas nem recuos. Quando mais não seja, devemos evitar o sangue e a palhaçada.*

...

1 O Ministério da Guerra ficava na praça da República, e o Dops, na rua da Relação.

A partir daquele momento, não tive qualquer dúvida sobre o que me competia fazer. Muitos dos meus amigos estavam presos, asilados nas embaixadas ou tinham caído na clandestinidade, deixando seus lares, mulheres e filhos na pior. Ninguém até então cismara comigo, embora eu sentisse o jornal ainda reticente no noticiário, permanecendo mais ou menos em cima do muro, para ver no que iam dar as coisas.

No dia 10, foi editado o Ato Institucional que tomaria o número 1. Aliás, não tinha número algum. Ficou sendo o primeiro porque vieram outros, até o famigerado AI-5, que foi a pá de terra definitiva na democracia brasileira, amordaçando a imprensa e a sociedade numa ditadura que se estenderia por 21 anos.

Naquela noite, eu já me preparava para ir embora quando decidi mudar a crônica que escrevera para o dia seguinte. A redação estava quase vazia, mas, como editor da primeira e da última páginas do jornal, ficava até as rotativas despejarem os primeiros exemplares ainda quentes da máquina e lambuzados de tinta.

Com acesso à oficina, pedi ao Camilo, que era o diretor gráfico, para mudar a minha crônica do segundo caderno, mandando outra, que ele mesmo compôs e diagramou.

O ato e o fato

E assim é que o alto Comando Revolucionário, sentindo que suas raízes não são profundas, impotente para realizar alguma coisa de útil à nação – pois, tirante a deposição do sr. João Goulart, não há conteúdo nem forma no movimento militar –, optou pela tirania. Lendo o preâmbulo do Ato, tive repugnância pelos seus redatores. Mas tive de sorrir ante a dificuldade com que o alto Comando se deparou: "promulgava" ou "dava" um Ato Institucional à nação?

Os juristas de sempre, sempre subservientes, cooperaram com suas luzes: e arranjaram o termo antigo, romano: "editar". E o alto Comando editou.

Na realidade, não foi editado. Foi simples e tiranicamente imposto a uma nação perplexa, sem armas e sem líderes para a reação. Foi desprezivelmente imposto a um Congresso emasculado.

O ato não foi um ato: foi um fato, fato lamentável, mas que, justamente por ser um fato, já contém, em si, os germes do antifato que criará o novo fato.

Doloroso, nisso tudo, o procedimento dos chefes militares. No ano de 1962, estive na Argentina cobrindo para este jornal o movimento militar que depôs o sr. Arturo Frondizi. Saí de lá nauseado pelo militarismo inclemente e odioso que enodoa aquela nação. No avião que me trazia de volta, prometi a mim mesmo, à primeira oportunidade, ajoelhar-me e beijar os pés do primeiro militar brasileiro que encontrasse.

Evidente, não iria cometer o exagero. Mas a promessa foi feita para selar a minha repugnância pelo militar argentino. Os chefes que aí estão, agora, assimilaram, ao que parece, o figurino da Argentina. Em artigo escrito na ocasião, assim encerrava minha análise sobre a situação daquele país: "E a Argentina continuará como um vasto quartel, onde os civis serão apenas tolerados se se comportarem nos acanhados limites que os tanques e fuzis deixarem livres".

Hoje, a situação brasileira, senão idêntica, é análoga à da Argentina. Com o agravante: os militares da Argentina não escondem seus apetites. Não usam o terço ou a bandeira do anticomunismo para justificarem a tirania.

Lembro de passagem o óbvio. Depois de Mussolini, depois de Hitler, invocar o anticomunismo para impor uma ditadura é tolice. A história é recente, e nem vale a pena repeti-la aqui.

Enfim, temos o ato e o fato. O ato é esse mostrengo moral e jurídico que empulhou o Congresso e manietou a nação. O fato é que a prepotência de hoje, o arbítrio de hoje, a imbecilidade de hoje estão preparando, desde já, um dia melhor, sem ódio, sem medo. E esse dia, ainda que custe a chegar, ainda que chegue para nossos filhos ou netos, terá justificado e sublimado o nosso protesto e a nossa ira.

. . .

No dia 14, escrevi a crônica "A revolução dos caranguejos", que foi republicada em diversos jornais do exterior e provocou uma onda de telefonemas ameaçadores para minha família. Por volta das 22 horas, era iminente uma invasão da minha casa no Posto 6. Na redação, corriam boatos de que eu já fora assassinado. Foi então que a direção do *Correio da Manhã*, tendo à frente o filho de Niomar, Antônio Moniz Sodré, o superintendente Oswaldo Peralva, o redator-chefe Edmundo Moniz e um grupo de redatores, repórteres e fotógrafos, em várias viaturas do jornal, foram à minha casa. Levaram minha mulher e minhas duas filhas para a casa do Sylvan Paezzo, jornalista e escritor (*Diário de um transviado, A época dos tristes*), cujo sogro, na ocasião, era um general da reserva e morava relativamente perto, na avenida Copacabana. Mais tarde, ele se casaria com a atriz Nathália Timberg.

As esquinas das ruas Raul Pompeia com Júlio de Castilho e Rainha Elisabeth estavam bloqueadas com viaturas militares, que deixaram minha família passar. Em companhia de diretores e colegas do *Correio*, fiquei em casa, esperando a anunciada "expedição punitiva". Pela madrugada, a rua foi desbloqueada e, por sugestão do Edmundo Moniz, fui para a redação do jornal, alugando um quarto no Hotel Marialva, onde passei uns dias, com colegas que se revezavam dia e noite na portaria. Curiosamente, o hotel ficava na esquina da avenida Gomes Freire com a rua da Relação, da janela do quarto eu via ao mesmo tempo a portaria do *Correio* e a porta principal do Departamento Federal de Segurança Pública, onde funcionava o Dops (Departamento de Ordem Política e Social), do qual eu me tornaria freguês dali em diante.

Na edição do dia seguinte, no alto de sua primeira página, o *Correio da Manhã* publicou um editorial sob o título "Ameaças e opinião":

"Ameaças e opinião"

Na tarde de anteontem, o nosso companheiro Carlos Heitor Cony começou a ser ameaçado por um grupo que se intitulava "de oficiais do Exército"; já na véspera, quatro indivíduos que não quiseram identificar-se tentaram penetrar em sua residência. A pressão tornou-se maior ao longo da noite do dia 14, quando, de diferentes fontes, configurou-se uma iminente violência física ao seu lar e à sua pessoa.

Cerca de meia-noite, aumentavam os indícios de uma invasão ao seu lar. A necessidade de preservar sua família de um espetáculo degradante fez com que o nosso companheiro solicitasse uma camioneta ao jornal. Diretores e elementos da redação prontamente acorreram a seu apartamento, sendo providenciada a segurança de sua família.

Em todo o dia de ontem as ameaças continuaram. Por volta das 11 horas, dois indivíduos que se diziam do Ministério da Justiça foram a seu apartamento e interrogaram as empregadas sobre os hábitos e horários do dono da casa. Diversos redatores de diferentes setores de nossa redação estão sendo avisados de que se prepara uma violência física contra o nosso companheiro.

O Correio da Manhã *sente-se à vontade para prestigiar o seu redator. Trata-se de autor de uma obra literária que vem merecendo o estudo crítico de nossos melhores ensaístas, e que, ainda em 1963, alcançou excepcional êxito com* Matéria de Memória. *Carlos Heitor Cony, além de ser nosso cronista, passou por diversos postos de nossa redação: copidesque, repórter internacional, editorialista e, atualmente, editor.*

Nunca foi comunista. Nunca manteve vínculos administrativos, políticos ou sociais com o governo deposto. Pública e pessoalmente, nunca escondeu sua oposição ao ex-presidente João Goulart. A veemência de seus últimos artigos é a expressão pessoal de uma opinião já expressa em sua obra literária, opinião esta que, de resto, não pode ser cerceada nem ameaçada, a menos que já se prepare um ato punitivo aos delitos de opinião.

. . .

Iniciei então uma rotina que duraria dias, semanas, meses, até quase o final daquele ano. Pela proximidade do hotel com o jornal, ficava informado das novidades, e foi compensador notar que o *Correio* se destacava como único órgão da imprensa brasileira que criticava o novo regime, tomando a defesa dos perseguidos, denunciando torturas e arbitrariedades. Otto Maria Carpeaux, Márcio Moreira Alves, Hermano Alves, Newton Rodrigues, Oswaldo Peralva e Edmundo Moniz escreviam diariamente contra o golpe que chamávamos de "1º de abril", contrariando o resto da imprensa, que, para fugir da data dedicada aos tolos, insistia em acatar os boletins militares que davam a quartelada datada do dia anterior, 31 de março.

Antônio Callado pertencia, na época, ao corpo editorial do *Jornal do Brasil*. Não podendo escrever contra, mandava uma colaboração para o *Correio*, do qual havia sido redator-chefe durante anos. Eram artigos inteligentes, revisitando a obra do padre Vieira, procurando identidades e analogias do grande pregador do século 17 com a realidade que atravessávamos.

Duraria pouco essa colaboração. Callado percebeu que o seu lugar era mesmo no *Correio*, deixou o *JB* e voltou às origens que o haviam consagrado no jornalismo nacional. Pouco depois de seu retorno, foi envolvido no episódio do meu pedido de demissão e, num gesto que me parece único na história da imprensa brasileira, só concordou em apresentar o meu pedido à diretoria junto com o seu próprio pedido de demissão. E assim deixamos o jornal que continuaria a sua luta contra o regime militar até o arrendamento para outro grupo empresarial e seu definitivo fechamento.

. . .

A partir do dia 15 abril, aproximadamente, superado o impacto das prisões, cassações e perdas de direitos civis, o jornal carioca *Última Hora* também começou a criticar a nova situação, mas de forma tímida, compreensivelmente moderada, uma vez que estava comprometido com o governo deposto, comprometimento que tinha raízes antigas e profundas, vindas de dez anos antes, quando uma CPI da Câmara dos Deputados apurou os financiamentos que seu proprietário, Samuel Wainer, obtivera do Banco do Brasil, provocando a crise que levaria Getúlio Vargas ao suicídio.

Em muitos sentidos, o Golpe Militar de 64 era um movimento que pretendia ajustar contas com aquilo que seria chamado de "herança de Vargas", uma vez que os grupos reacionários instalados principalmente nas Forças Armadas e em alguns setores do empresariado consideravam os governos de Juscelino Kubistchek e João Goulart um prolongamento do getulismo.

As críticas do vespertino de Samuel Wainer eram naturalmente suspeitas, muitos de seus profissionais estavam presos, e os principais redatores apelavam para pseudônimos, disfarçando o quanto possível a sua oposição aos detentores do poder.

O mesmo não ocorria com o *Correio da Manhã*, que havia se marcado como o grande opositor do governo de Goulart, bastando citar os dois editoriais ("Basta!" e "Fora!") que haviam abalado até mesmo os militares indiferentes à política.

Gradativamente, a figura exponencial de Alceu Amoroso Lima, pelo prestígio de seu nome, liderando o laicato católico brasileiro, abria um espaço no *JB*, ampliando o número de vozes que não se calavam diante da ditadura implantada. Era impossível rotular o professor Alceu de comunista ou criptocomunista, pelego sindical ou corrupto.

O governo presidido por Castelo Branco tinha ainda resíduos liberais, e por isso mesmo já enfrentava conspirações nos quartéis onde elementos da linha dura exigiam mais rigor nas punições e menos liberdades públicas. Um exemplo: a linha dura exigia a cassação de Juscelino Kubistchek, que oficialmente continuava candidato lançado para a sucessão presidencial de 1965, confiado na promessa pública que o próprio Castelo Branco lhe fizera de manter o calendário eleitoral, promessa com a qual o militar conseguiu o apoio do partido majoritário para chegar, por via indireta, à presidência da República.

Vencida a primeira etapa do golpe, com o afastamento dos elementos ligados ao janguismo e suspeitos de comunismo, Castelo Branco concentrou-se num plano econômico elaborado por Otávio Gouveia Bulhões e Roberto Campos, destinado a conter a inflação e a corrigir alguns desvios seculares da economia nacional. O empresariado paulista não aderiu prontamente ao programa lançado pela dupla Bulhões-Campos, o que obrigou Castelo Branco, por sugestão de seu ministro da Guerra, Artur Costa e Silva, a ir a São Paulo, a fim de discutir com as lideranças locais o preço do apoio ao novo governo.

Foi então pedida formalmente a cabeça de JK, que seria cassado logo após o retorno de Castelo a Brasília, devendo-se registrar a atitude de Roberto Campos, que trabalhara com JK e com Jango. Na hora de assinar a cassação do antigo chefe, apresentou seu pedido de demissão: não assinaria aquele documento. Castelo entendeu as razões de Roberto Campos e dispensou-o da assinatura, mas o manteve como ministro do Planejamento.

Nem mesmo oferecida a bandeja com a cabeça de JK, a linha dura saciou sua gula pelo poder total. Em torno do ministro da Guerra aglutinavam-se diversas correntes de militares e empresários que exigiam um aperto maior no arsenal totalitário.

...

Um desses apertos sobrou para o meu lado. Em agosto, o ministro da Guerra oficiou ao procurador-geral da República, pedindo que me enquadrasse na Lei de Segurança Nacional, por criar animosidade entre civis e militares. Num de seus artigos, a LSN previa prisão perpétua em tempo de guerra e trinta anos de cadeia em tempo de paz.

Como a liturgia jurídica ainda funcionava em casos assim, tive o direito de contratar um advogado, Nelson Hungria, ex-presidente do Supremo Tribunal Federal, que já havia cumprido a quarentena de dois anos, podendo por conseguinte exercer o ofício de advogado. Hungria pediu um *habeas corpus* no STF, descaracterizando a Lei de Segurança Nacional e fazendo o processo correr pela Lei de Imprensa, que previa o mesmo crime (criar animosidade entre civis e militares), mas com penas reduzidas a três meses de detenção. O processo foi julgado em 23 de setembro de 1964, e Nelson Hungria ganhou por 9 a 1, sendo esta a primeira manifestação do Supremo após o golpe militar, seguindo-se outros pedidos iguais, como os dos ex-governadores Miguel Arraes, Seixas Dória, Mauro Borges, do editor Ênio Silveira e do jornalista Hélio Fernandes.

Livre da Lei de Segurança Nacional, o processo no qual era acusado passou para a esfera da 12ª Vara Criminal, do Rio de Janeiro. Fui intimado a comparecer ao Ministério da Guerra no dia 8 de setembro, quando o general Costa e Silva prestou depoimento ao juiz daquela instância. Foi um encontro cordial, ele se dirigiu a mim, estendeu-me a mão, apresentando-se como "general Costa e Silva" e dizendo que me imaginava mais alto, fazia de mim a imagem de um galalau, de um jogador de basquete.

Outras autoridades também depuseram contra mim, os demais ministros militares (da Marinha e da Aeronáutica) e o secretário de Segurança do Estado da Guanabara. Este afirmou que eu era um comunista a serviço de Moscou.

Ainda no rito judicial, meu advogado teve o direito de apresentar testemunhas a meu favor, pessoas que garantiam que eu era inofensivo, nada sabiam que me desabonasse etc., etc. Nelson Hungria aconselhou-me a solicitar o testemunho dos presidentes das instituições de minha classe, a de jornalista. Convidei os presidentes da Associação Brasileira de Imprensa (ABI) e do Sindicato dos Jornalistas Profissionais do Rio de Janeiro a deporem a meu favor. O segundo não me deu resposta e o primeiro me telefonou, dizendo que iria receber por aqueles dias a medalha de Maria Quitéria das mãos do ministro da Guerra. Não poderia depor num processo em que ficaria contrário à posição do ministro.

Confesso que pela primeira vez desde que me iniciara naquela confusão, fiquei desorientado. Mas não irritado. Irritado ficou meu pai, que frequentava os almoços da Ordem dos Velhos Jornalistas, que se reuniam mensalmente em "plantões" dedicados à nostalgia. Outro frequentador assíduo dos almoços era Austregésilo de Ataíde, que, apesar de ainda estar na ativa, escrevendo diariamente no *Diário da Noite*, do qual era diretor, gostava de prestigiar os antigos companheiros, então desativados. Sabendo por meu pai da dificuldade de arranjar pessoas que atestassem a meu favor, ele me telefonou, dizendo que iria comigo à vara criminal. Argumentei contra. Ataíde era presidente da Academia Brasileira de Letras, eu não era acadêmico. E ele pediu mais: que eu telefonasse para Alceu Amoroso Lima, com quem conversaria antecipadamente. Num livro recente, revelando a correspondência de Alceu com sua filha, há cartas em que ele conta o episódio de sua presença na 12ª Vara Criminal, quando depôs a meu favor.

E como não podia deixar de acontecer, recebi o telefonema de Carlos Drummond de Andrade, este bem mais exaltado, dizendo que ia depor de qualquer maneira, independentemente de ser ou não presidente de qualquer instituição da classe jornalística.

Para sacanear meus depoentes, pessoas ilustres no cenário nacional, já entradas na terceira idade, o juiz da 12ª Vara Criminal marcou a audiência para as 7 horas da manhã, obrigando Ataíde, Alceu e Drummond a madrugarem na rua Dom Manuel, onde se situa o Foro carioca. Segundo me informaram, a prática para esse tipo de audiência começa sempre depois das 13 horas.

O processo correu lentamente, fui condenado no ano seguinte à pena de três meses, mas isso pertence a 1965, quando eu já estava preso por outro delito, tendo participado de uma manifestação diante do Hotel Glória, quando ali se instalava uma Assembleia Geral da Organização dos Estados Americanos

(OEA). Este é também um fato de 1965, quando a situação nacional tornava-se mais espessa, originando outros atos institucionais que culminariam no AI-5, de 13 de dezembro de 1968, sufocando a nação numa ditadura cruenta[2].

...

Voltemos a 1964. Apesar das confusões em que me metera, tive tempo para lançar meu quinto romance, *Antes, o verão,* que aumentou muito o equívoco provocado pela minha atuação jornalística. O livro narra um drama mais do que alienado, um casal que vai se separar, mas antes, em atenção aos dois filhos jovens que entrarão em férias, decidem continuar juntos aquele verão, e só depois seguir cada qual o seu caminho.

Leitores de minhas crônicas ficaram indignados. Como podia eu desperdiçar tempo e trabalho numa história banal, de angústias pequeno-burguesas, quando tudo parecia pegar fogo na vida nacional?

No final de maio, Ênio Silveira decidiu publicar as crônicas até então escritas, ele mesmo escolheu o título do livro, *O ato e o fato.* E me encomendou um conto para a coletânea que publicaria logo depois, *Os dez manda-*

[2] Faziam parte do nosso grupo, que foi chamado de "Os 8 do Glória", os jornalistas Antônio Callado e Márcio Moreira Alves, os cineastas Glauber Rocha, Joaquim Pedro de Andrade e Mário Carneiro, o diretor teatral Flávio Rangel e o embaixador Jayme Azevedo Rodrigues. Havia um nono integrante, o poeta Thiago de Mello, que não foi preso na ocasião mas apresentou-se às autoridades logo depois. Eu já havia deixado o Correio da Manhã e, sem oportunidade de trabalhar na imprensa, dedicava-me a fazer adaptações de clássicos da literatura universal para os livros de bolso das Edições de Ouro.

mentos, reunindo outros nove autores, cada qual com um dos mandamentos. Ênio queria que eu escrevesse sobre o sexto, não pecar contra a castidade, uma vez que no ano anterior, em outra coletânea por ele lançada, *Os sete pecados capitais*, eu escrevera um conto sobre a luxúria, intitulado "Grandeza e decadência de um caçador de rolinhas".

Nos intervalos de meu trabalho no jornal, eu já havia iniciado um conto sobre a castidade quando recebi um telefonema do Ênio. Eu deveria ficar com o primeiro mandamento, amar a Deus sobre todas as coisas, que ele pensava destinar a Jorge Amado, que desta forma seria o primeiro autor do livro, cuja ficha editorial daria autoria a "Jorge Amado e outros". Mas Jorge não revelara nenhuma afinidade com o assunto, levaria a história fatalmente para os orixás baianos, metade por convicção pessoal, metade por gosto literário. Poderia prejudicar a unidade do livro pretendido. Disso resultou que meu nome liderou a lista dos autores daquela coletânea, na qual figuravam, além de Jorge Amado, nomes bem mais consagrados da literatura nacional, como Marques Rebelo, Orígenes Lessa, Guilherme Figueiredo e José Condé.

Nem tive tempo de fazer uma revisão decente das crônicas para *O ato e o fato*. Naquele tempo não tinha secretárias, foi o pessoal do arquivo do próprio *Correio* que preparou o livro. Ênio fez um prefácio alentado para abrir o volume, cobrindo a grande lacuna dos meus textos, que era a falta de uma análise de conteúdo do movimento militar.

Como Ênio esperava, o livro provocou a cólera dos militares, que já estavam coléricos. Foi então que o ministro da Guerra me processou, pois eu continuava escrevendo novas crônicas no jornal, mais tarde reunidas num outro livro, *Posto Seis*, que seria lançado no ano seguinte, quando eu já pedira demissão do *Correio da Manhã*.

É neste segundo livro, por sinal, que estão as crônicas que eu considero as mais oportunas daquele período. Já não estava sozinho, outros colunistas também surgiam de todos os lados, vencendo a barreira empresarial dos jornais em que atuavam, e davam o seu recado de forma menos passional e com mais estilo.

Destaco duas delas, escritas durante e logo após o julgamento do meu processo no Supremo Tribunal Federal. Sobretudo aquela a que dei o título de "Compromisso e alienação", na qual procurei historiar os atos e fatos que me fizeram abandonar por um tempo a minha temática preferencial, envolvendo-me por inteiro na situação criada pelo golpe militar daquele ano. Já eram comuns, então, as críticas que recebia pelo fato de não continuar no estilo panfletário. Gostava de escrever sobre outros assuntos – os meus assuntos. Cobravam-me uma permanência integral naquela linha, reclamavam de continuar me preocupando com problemas existenciais, na atitude comum do escritor alienado.

Transcrevo as duas crônicas, publicadas respectivamente nos dias 23 de setembro e 1º de novembro de 1964.

A meus leitores

Hoje, em Brasília, o Supremo Tribunal Federal deverá decidir sobre o habeas corpus *impetrado a meu favor pelo ministro Nelson Hungria. Cabem-me, nesta oportunidade, algumas palavras aos meus leitores. Foi daqui, desta modesta coluna, que praticamente se aglutinou o primeiro protesto público contra as arbitrariedades e violências de um movimento armado que nos envergonhou e ainda nos maltrata. O mérito – se houve algum – não é meu. Foram os leitores que, dando ressonância ao meu protesto individual, engrandeceram uma campanha que se propunha modesta em seus meios e objetivos. Daí as explicações seguintes:*

Alguns amigos aconselham-me o asilo diplomático. O embaixador daquele que eu poderia chamar de um país amigo ofereceu-se para conceder sua embaixada primeiramente, e, mais tarde, seu generoso e hospitaleiro país. O asilo se justifica. Caso o STF denegue o habeas corpus, *fico praticamente entregue ao draconiano instituto da Lei de Segurança Nacional, podendo ser preso antes mesmo do julgamento. Além do mais – argumentam os meus amigos –, a minha liberdade pessoal deve ser mantida a todo custo, uma vez que não devo dar a minha cabeça aos adversários. O asilo, e mais tarde o exílio, resolveriam, ainda por cima, alguns problemas de ordem estritamente particular.*

Apesar de tudo isso, agradeço e recuso a generosidade dos amigos. Aceitei o jogo do adversário. Sabia que o ministro da Guerra me processaria, em situação vantajosa para ele, sob plena vigência do artigo 7º – uma arma imoral que o governo impôs à nação para intimidar o aparelho judiciário.

Faria algum sentido se eu procurasse fugir naquela ocasião. Mas não fugi então, nem fugirei agora. Não darei ao adversário o gostinho da minha fuga. Não violarei a regra do jogo. Aceitei ser processado e, em honra da Justiça e da principal autoridade que me processa – o ministro da Guerra –, devo declarar que o processo tem corrido honestamente, pelo menos até agora. Protestei contra violências e abusos à dignidade humana cometidos pelos homens da quartelada. Mas esses abusos, pelo menos oficialmente, não chegaram até mim. Tive a minha casa cercada, minhas filhas ameaçadas, eu mesmo fui ameaçado de morte e sequestro, mas essas imbecilidades partiram de grupos exaltados que nunca receberam a aprovação de seus superiores para esse tipo de violência contra a minha pessoa.

O general Costa e Silva, ao que parece, quis tomar-me para modelo: tem procurado usar o máximo respeito para comigo. Processa-me de acordo com as leis do país, embora essas leis estejam mutiladas pelas ameaças e pelo medo que se apoderou de todos. Seria ótimo se o mesmo respeito fosse estendido a todos os demais adversários.

De minha parte, continuo recusando o medo. Disse, em minha segunda crônica sobre a quartelada, no dia 3 ou 4 de abril: "Respeito o ódio, aceito o amor mas desprezo o medo. Não há medo: há um futuro, e é nele que eu creio". Sem medo, continuo crendo num futuro, ainda que esse futuro seja sombrio como uma cela e duro como um pão que precisa ser molhado de lágrimas. Depois desse futuro haverá outro futuro – e esse é o futuro que me interessa.

Em caso de sentença adversa, os oficiais de Justiça da 12ª Vara Criminal saberão onde me encontrar. Minha atitude, porém, não equivale a uma passividade. Pelo contrário, ela é uma forma pessoal de protesto – um outro tipo de protesto – que me cabe, talvez e ainda, realizar. Lembro Mr. Pickwick, no meu entender, o melhor personagem de Dickens. Mr. Pickwick deixou-se prender em sinal de protesto. Não é bem o meu caso, mas a atitude, embora não sendo idêntica, é análoga.

Os meus amigos que me perdoem, mas não sou hábil nem esperto. Não alimento planos ou revanches de ordem pessoal ou política. Sou um escritor que bem ou mal vem procurando realizar a sua obra – e não me sobra nem busco tempo ou gosto para ambicionar a carreira política.

Não fujo, em suma. E isso não é um favor que faço aos meus adversários. É um favor e uma obrigação que faço a mim mesmo.

Compromisso e alienação

Alguns leitores andam surpreendidos ou magoados pelo fato de não ter este maledicente escriba continuado a escrever crônicas sobre a situação política. Atribuem-me barganha, medo ou arrependimento. Sou interpelado na rua, pelo telefone e, além de interpelado, sou às vezes provocado.

Adiei esta explicação, mas aqui está ela: não sou político, nem sequer sou um jornalista político. Escrevi sobre a situação nacional numa hora em que a política era secundária. O que ficou em jogo – e continua em jogo, mas de forma já desmascarada – foi a dignidade da pessoa humana, das instituições civilizadas. Como homem, como escritor, não podia ficar alienado aos descalabros de abril e dos meses seguintes. Não me violentei. Não fiz política. Fiz o que sempre pretendi fazer: dei o meu testemunho.

A situação, em substância, não se modificou. Mas hoje há cintilantes escribas em todo o país, há políticos profissionais e amadores, há donas de casa e estudantes que já fazem a mesma coisa, e com maior brilho: dão o seu testemunho. Apontam os erros e os enganos da quartelada. Minha voz seria ociosa e, sobretudo, soaria falsa a meus próprios ouvidos.

Creio que posso me dar ao direito de ter cumprido um dever para comigo mesmo. Muitos dos que hoje me interpelam ou censuram, chamando-me de alienado, ficaram escondidos em armários e jogaram no lixo seus livros e seus manifestos. Não os censuro por isso, mas não vejo por que imitá-los em oportunidades futuras que talvez ainda estejam por chegar. Mas a principal motivação que me fez abandonar uma convalescença dolorosa para vir lutar de peito aberto é a mesma que me faz, agora, enveredar para outros assuntos – os meus assuntos.

Não significa deserção nem recuo. Não gosto de política, não ambiciono outro tipo de vida diverso daquele em que vivo e volto a ser o insignificante cronista que sempre fui: a quartelada não me modificou, não me intimidou, não me calou.

Para continuar a ser o mesmo, para manter íntegra a minha autenticidade interior foi que me vesti na pele suada de um Dom Quixote subdesenvolvido e saí por aí, dando patadas. Não me arrependo das patadas: mantenho-as. Mais: estou disposto a começar tudo outra vez. Apenas a fase das patadas passou: cabe agora aos analistas, aos táticos, aos profundos interpretadores da realidade nacional orientar o povo e salvar a nação. Essas coisas – honestamente – não sei fazer.

Ênio Silveira, em prefácio para o meu livro O ato e o fato, *como editor e como amigo íntimo e fraterno, definiu-me perfeitamente ao classificar-me de "lobo solitário, de feroz individualismo". Sou assim, fui assim e continuarei assim: não darei ao fato político o direito de me modificar. E muito menos darei esse direito a intelectuais participantes que participaram da intimidade escura dos armários domésticos.*

Em crônica antiga (1963) sobre o filme Vidas secas, *colocado então pela crítica participante como um fator decisivo na libertação das massas, afirmei que não elogiaria o filme por tática ou utilidade. E disse mais: quando chegasse a hora, eu saberia pegar num fuzil e saberia contra que lado atirar.*

Continuo assim. Sei pegar num fuzil e sei contra que lado devo atirar. Ninguém me mudou. Acima de qualquer compromisso para com a pátria ou para com o povo, tenho um compromisso para comigo mesmo. E é em nome desse compromisso que continuarei sendo o que sou – independentemente do aplauso, da vaia, da glória ou da miséria.

. . .

Quarenta anos depois, relendo esta última crônica, confesso algum desconforto intelectual. Em essência, ela expressa o que sentia e continuo sentindo até hoje. Contudo, reencontro no texto um sentimento que superei, logo depois de o ter escrito. Começavam as cobranças e o patrulhamento, a ponto de ter sido convidado, por um amigo, para uma aventura guerrilheira, isso em 1964, quando a situação ainda comportava outros tipos de luta contra o regime militar.

Evidente que a guerrilha, naquela ocasião, era mais uma alucinação romântica do que uma solução para nossos problemas. Esse convite seria o ponto de partida para o romance que escreveria nos meses seguintes (*Pessach: a travessia*), que provocaria a cólera da esquerda nacional, sobretudo de intelectuais ligados ao Partido Comunista.

Em que pesem alguns exageros logísticos que usei na trama, o romance permanece atual para mim. Expressa não apenas a minha visão dos fatos políticos daquele época como exprime da mesma forma o meu sentimento pessoal, que continua o mesmo.

A crônica, ao contrário do romance, que se desenrola totalmente no plano de ficção, revela uma irritação passageira contra a imposição de só escrever sobre a situação da época, de ser obrigado a adotar o "pensamento único" –

tentação em que nunca resvalei. Tinha mais o que fazer, e fiz. Hoje, eu escreveria a mesma coisa, mas com outras palavras e certamente com mais compaixão de mim e dos outros.

De qualquer forma, sempre que me dava na veneta, voltava a comentar os acontecimentos daquele tempo, e foi assim que, ao se esboçar a possibilidade de um segundo ato institucional, que viria realmente depois, com a sigla AI-2, redigi um roteiro do que seria esse novo instrumento de força do regime militar. Havia um chassi preexistente, em forma de piada, dessas que atualmente aparecem comumente na internet. Circulava em folhas de mimeógrafo, as detestáveis cópias de tinta roxa que representavam o estágio mais avançado da comunicação impressa. Aproveitei o espírito da coisa (o visível tom de farsa) e fiz o meu Ato Institucional 2, publicado em fevereiro de 1965, e que motivaria o meu pedido de demissão do *Correio da Manhã*, em carta a Antônio Callado, que estava assumindo as funções de redator-chefe, após sua saída do *JB*.

Já fiz referência a esse episódio ao lembrar que Callado levou minha carta à diretoria do jornal na condição de demissionário. Também ele deixou o cargo, indo chefiar a redação de uma versão da *Enciclopédia Britânica*.

Transcrevo o texto do que seria o AI-2, bem como a carta em que me despedia, então, do jornalismo diário.

Ato Institucional 2

Recebi e divulgo, com prazer, uma cópia do Ato Institucional 2 *que talvez não seja tão fantástica assim. Há, evidentemente, um cunho de exagero, mas, em linhas gerais e sobretudo nas entrelinhas, o* Ato Institucional 2*, se não é, será mais ou menos assim:*

Art. 1º - A partir da publicação deste Ato, os Estados Unidos do Brasil passam a denominar-se Brasil dos Estados Unidos.

Art. 2º - O Congresso Nacional transforma-se automaticamente em Assembleia Nacional de Vereadores.

§ 1º) Em caráter excepcional, e sempre por indicação do Departamento de Estado, os parlamentares que tiverem prestado serviços excepcionais à causa da Anexação poderão ser equiparados aos deputados e senadores do Congresso Americano e terão assento nas Casas do Congresso como representantes do Estado brasileiro.

Art. 3º - O presidente da República é promovido à função de governador-geral, com vencimentos em dólar.

Art. 4º - Fica extinto o Poder Judiciário e todo o sistema judiciário brasileiro, uma vez que a organização político-administrativa e legal do novo Estado passará a obedecer à Corte Suprema dos Estados Unidos e seus respectivos códigos.

Art. 5º - Ficam incorporadas às Forças Armadas norte-americanas as altas patentes militares brasileiras em posto equivalente imediatamente inferior, e receberão o soldo em dólar.

§1º) Os militares que tiverem prestado serviços excepcionais à causa comum dos dois países reverterão a postos equivalentes.

§2º) Os suboficiais, cabos e soldados constituirão: a) o corpo de polícia da unidade federativa para fim de repressão político-social; b) o corpo de tropa para os diferentes fronts *sustentados pelos Estados Unidos na defesa do mundo livre em substituição aos soldados norte-americanos, que não devem ser sacrificados senão em caso de invasão ao território metropolitano dos EUA.*

Art. 6º - Ficam supressas todas as eleições municipais, estaduais e federais no Brasil até 1969, quando o Estado brasileiro, em sua totalidade, participará das próximas eleições parlamentares e presidenciais norte-americanas.

Art. 7º - Os novos cidadãos norte-americanos do Brasil terão os seus direitos e obrigações equiparados aos dos cidadãos norte-americanos em geral.

§ 1º) O direito de ser votado nas eleições gerais dos Estados Unidos fica pendente de uma completa investigação, bem como de atestado de ideologia, ressalvados sempre os casos de serviços excepcionais prestados.

Art. 8º - Todos os governadores de Estados brasileiros serão promovidos ao posto de subgovernadores gerais e, por extensão, poderão candidatar-se livremente em 1989 ao posto de prefeito municipal de qualquer cidade norte-americana de menos de 100 mil habitantes, sempre sujeitos à apresentação de atestado de ideologia.

§1º) Excetuam-se os governadores da Guanabara, de São Paulo e de Minas Gerais, que, pelos serviços extraordinários prestados à causa da integração nacional, poderão concorrer às eleições estaduais americanas como candidatos a governador-geral do Estado do Brasil.

Art. 9º - Fica instituído o inglês como língua oficial do Brasil e tolerado o português como idioma complementar e facultativo, cujo ensino será livre em todas as escolas primárias, secundárias e superiores, bem assim nas Forças Armadas.

Art. 10º - O dólar é a moeda oficial do Brasil dos Estados Unidos.

Art. 11º - Fica constituída desde já uma comissão nacional de juristas, sob a presidência do prof. Francisco de Campos, de seis membros nomeados por indicação prévia do sr. Lincoln Gordon, a fim de proceder à formulação jurídica, em todos os seus aspectos, da operação de anexação do Brasil ao Estados Unidos da América do Norte.

Art. 12º - Revogam-se as disposições em contrário.

Nota: No dia em que saiu publicada esta crônica, enderecei ao jornalista Antônio Callado a seguinte carta:

Ilmo Sr. Antônio Callado
DD. Redator-chefe do Correio da Manhã

Conhecedor de uma situação embaraçosa para o meu chefe e amigo, venho, por meio desta, pedir demissão do cargo de redator que ocupo no Correio da Manhã. *Esta é a quarta vez que peço demissão do jornal – sou um reincidente incurável. Das vezes anteriores o fiz por motivos pessoais. Desta vez, porém, o faço para facilitar a solução de uma crise em que, honestamente, não me considero envolvido.*

A crônica de hoje, no meu entender, em nada poderia provocar ou influir em uma crise interna entre a administração e a redação. Mas a crise houve – e não quero que ela se prolongue à custa de um mal-estar em que, involuntariamente, coloquei um amigo que admiro e respeito.

O fato de no momento estar sendo processado por uma autoridade, com julgamento marcado para março/abril, não é motivo para poupar-me, sacrificando um amigo. Sei me defender sozinho – é o que venho fazendo até aqui.

Fique certo, Callado, de minha estima, e receba o meu abraço.

(a) Carlos Heitor Cony

Entregando o meu pedido de demissão à gerência do *Correio da Manhã*, o jornalista Antônio Callado apresentou seu próprio pedido de demissão, deixando também de fazer parte daquele jornal.

. . .

Apesar de deixarmos o jornal, Callado e eu continuamos juntos em outros episódios da época, como na manifestação à porta do Hotel Glória, em novembro de 1965, quando dividimos a cela, entre outros, com Márcio Moreira Alves, que fora o primeiro a denunciar as torturas do novo regime, ainda em abril de 1964, e mais tarde, como deputado federal, seria o pretexto para a edição do AI-5, em 13 de dezembro de 1968, ocasião em que Callado e eu fomos presos novamente, Callado na Vila Militar, eu com Joel Silveira, no Batalhão de Guardas, em São Cristóvão.

Iríamos juntos para Cuba, como jurados do prêmio da Casa de las Américas de 1968. O compromisso de Callado com a enciclopédia o impediu de viajar. Fui sozinho, encontrando em Havana outro jurado brasileiro, o José Celso Martinez Corrêa.

Mas aqui sinto que estou fugindo do depoimento sobre 1964.

Comecei este depoimento lembrando uma piada, a do Juquinha. E vou terminá-lo lembrando outra: a do japonês que, naquela manhã de Hiroshima, acordou e abriu a torneira de seu banheiro. Morreu sem entender o que estava se passando. Talvez pensando que, ao abrir a torneira para escovar os dentes, um mecanismo infernal provocara a explosão da primeira bomba atômica. Uma borboleta bate as asas na Tailândia e um furacão despedaça uma cidade na Flórida.

É comum este tipo de testemunho promovendo-se o próprio umbigo a eixo da história de um episódio ou de todo um tempo. Stendhal tornou famosa a cena em que um personagem vê soldados dando tiros, cavalos em disparada, e fica sem saber que estava assistindo à Batalha de Waterloo, à queda de Napoleão, o grande ídolo do próprio Stendhal.

E há aquela frase muito repetida do romancista russo: escreve sobre a tua aldeia e descreverás o mundo.

Não consegui descrever o ano de 1964 em seus contornos históricos. Limitei-me a pensar como o assombrado japonês da anedota de Hiroshima: abri uma torneira. E ainda não tive condições objetivas para compreender o que aconteceu comigo e com os outros.

ESTE LIVRO FOI COMPOSTO
EM ELECTRA PARA A LEYA
EM ABRIL DE 2010.